Erstauflage März 2018

2. Auflage März 2018

Smart & Nett Verlag, München

Veronika Peschkes und Dirk Walter GbR

© 2018 by Smart & Nett Verlag, München

Cover/Satz: Smart & Nett Verlag

Foto Cover: Frank Lothar Lange

Druck: CPI books GmbH, Leck

Printed in Germany 2018

Alle Rechte vorbehalten

ISBN: 978-3-946406-22-8

Auch als E-Book erhältlich

www.smart-und-nett-verlag.de

Sie finden uns auch bei:

Facebook, Twitter, Instagram und YouTube

Markus Grimm

Märchen, die das Leben schrieb ...

Über den Autor:

Markus Grimm ist Sänger, Autor und Songtexter in einer Person – 24 Stunden am Tag und 7 Tage die Woche. Schon als Kind stand er auf der Bühne und begeisterte mit Gesang und spielerischem Talent. Schreiben ist, neben der Musik, seine Berufung und Leidenschaft. 2004 setzte er sich gegen 30.000 Mitstreiter durch und wurde Teil der Band »Nu Pagadi« – ein Sprungbrett, das er zu nutzen wusste. 2009/2010 erschienen erste eigene Bücher aus den verschiedensten Bereichen. Mit Martin Kesici zusammen veröffentlichte er den Amazon-Bestseller »Sex, Drugs & Castingshows«, bietet damit einen Blick hinter die Kulissen der Formate und rückte wieder in den Fokus der Medien. Mit »Fleckies Reise« legte der »neue Grimm« im Februar 2010 sein erstes Kinderbuch vor. Der zweite Teil »Fleckies Speise – das Kinderkochbuch« folgte im September – der dritte Teil, »Fleckies Zirkus«, erschien im Juni 2011. Universal Music veröffentlichte im August 2011 die beiden von Markus Grimm selbst eingesprochenen HörSpielBücher zur Fleckie-Serie auf CD. Als Teil des Duos »Grimm trifft Grimm« setzt er seit 2012 die Märchen der Brüder Grimm musikalisch und spielerisch auf CD und auf der Bühne um. Als Songtexter zeichnet er sich für viele Produktionen verantwortlich, ob Musicals oder für Titel der Alben »Der kleine Prinz - Sternenträumer«, »Mascha und der Bär« und der »Familie Sonntag«-Serie. Mit »Märchen, die das Leben schrieb« setzt er seine Reise in Schrift und mit neuen Noten fort.

Inhalt

Songliste CD

Track1: Bretter	**2:31**
Track 2: Verwehen	**3:52**
Track 3: Leinen los	**3:47**
Track 4: Der Schatten des dicken Jungen aus den 90ern	**3:09**
Track 5: Übers Meer	**4:01**
Track 6: Ich dich auch	**3:31**
Track 7: Das Wort zur Melodie	**2:44**
Track 8: Jetzt mal ehrlich	**2:34**
Track 9: Mädchen im Mond	**3:02**
Track10: Das Ende vom Lied	**4:21**
Track 11: Hier ist Jetzt	**2:19**
Track 12: Bei dir (Bonus Track)	**3:41**
Track 13: Vorbei (Bonus Track)	**3:20**
Track 14: Freiheit der Raben (Bonus Track)	**3:05**
Track 15: Die letzte Note (Bonus Track)	**3:36**
Track 16: Bei dir – Piano Version 2018 (Bonus Track)	**3:19**

Gesamtspielzeit: **53:33**

Einleitung

Ich will euch ein Märchen erzählen …

mein Märchen …

also …

Es war einmal ein Ehepaar mittleren Alters in den späteren 70er-Jahren. Sie trug güldenes Haar und er war von stattlicher Statur. Sie kümmerte sich ihren Lebtag um das Haus und die beiden Kinder, einen ordentlichen Knaben und ein fleißiges Mädchen, er fuhr mit dem Schiff auf Reisen und brachte das Geld heim, um Frau und Kinder zu nähren. Sie lebten ihr Leben, strukturiert und gradlinig. Es kam der Tag, an dem sie zur Ruhe kamen und es Zeit war ihre beiden Kinder in ihr eigenes Leben zu entlassen. Die Tochter zog zu ihrem Herzensfreund, machte eine Lehre in dem Schifffahrtsunternehmen für das auch der Vater tätig war und der Sohn sollte zu einem ehrenwerten Burschen erwachsen und sein Glück bei der Marine finden.

So begab es sich aber, dass der erstgeborene Sohn vor dem Auszug zur Marine noch seinen Feiertag zum 16. Lebensjahr mit einer großen Feier begehen wollte und das Ehepaar, seine

Eltern, bat, sich für das Wochenende aus dem Haus zu begeben. Da der Sohn immer rechtschaffen und brav war, willigten die Eltern ein und fuhren über ein Wochenende in den Urlaub. Sichtlich froh, nun bald nur noch allein im Haus zu sein, die Erziehung ihrer Kinder erfolgreich überstanden zu haben und so ordentliche Kinder in die Welt gesetzt zu haben, brachen sie auf um sich des Lebens zu freuen und überließen dem Sohn das Haus. Bald würden sie sich nur noch um sich kümmern müssen und so planten sie ihren gemeinsamen Lebensabend.

Die Luftveränderung, der Wein und auch die Freude über die nahende Ruhe im eigenen Heim brachte die beiden am Abend näher zusammen – und wie der Teufel es will, sollte nach diesem Wochenende kein Happy End und kein kinderfreies Heim auf sie warten. Genau neun Monate nach diesem Ausflug war der erhoffte Friede dahin. Ich kam zur Welt – nicht geplant, eher störend und wie sich noch zeigen sollte, alles andere als leise ... und so betrat ich mit einem lauten Schrei die Bühne des Lebens. Dass dieses Leben kein Lebkuchenhaus ist, durfte ich schon früh erfahren. Da war ich also – das Nesthäkchen, der Spätgeborene mit Eltern, die alle Schulkameraden für seine Großeltern hielten. Marine? Schifffahrt? Nicht mein Weg, nicht mein Verlangen – bereits in der Grundschule zog es mich auf die Bühne. Zunächst als Flucht, dann als Heimat. Zweimal ist bei dem Ehepaar alles glatt gelaufen mit dem Nachwuchs und dann tanzte ich aus der Reihe. Sorry! »Ach herrje, und schwul ist er auch noch?!« Jupp, wenn schon dann das ganze Paket, inklusive allem an Bonusmaterial, was auf eine Lebens-Blu-Ray passt. Spätgeborener 90er-Bengel mit schiefen Zähnen und der idiotischen Idee, sein Leben mit Musik, Theater, Stift und Papier zu bestreiten.

Willkommen in meinem persönlichen Märchenwald ...

Dieses Buch ist eine Sammlung an Märchen, die das Leben schrieb. Mein Leben, das Leben der Menschen um mich herum. Märchen, Geschichten, Gedichte – Erlebtes, Erdachtes, Verpasstes und jede Menge Musik. Wenn man es genau nimmt ist dieses Buch der Beipackzettel zu meiner Musik. Mal ehrlich, in so einem kleinen Heftchen, dem CD-Booklet, hat man ja auch nicht wirklich den Raum, um zu beschreiben, was einem so durch den Kopf ging beim Songwriting. Puh, und bei einer MP3 ist meist nicht mal ein Bildchen dabei, geschweige denn eine Info, warum zum Teufel das Werk als Song festgehalten wurde. Vielen Dank an Smart & Nett für eben diesen Platz.

Fangen wir also direkt mit dem ersten Song an. Ein Lied, das beschreibt, wie es sich anfühlt: das erste Mal. Das erste Mal auf einer Bühne, kurz vor dem Auftritt, vor dem Moment, wenn sich der Vorhang hebt und man bereit sein muss. Und dann ist er da, dieser Moment und für den, der ihn erlebt hat, ist es klar – es kann nichts anderes geben das sich mehr nach Leben anfühlt als auf diesen Brettern zu stehen.

Bei mir war es 1986 in der Grundschule so weit. Dank meines Nachnamens war meiner Kunstlehrerin klar (und in den folgenden 30 Jahren auch jedem anderen Label, Verlag, Interviewpartner): es muss was mit Grimm und Märchen sein. So hieß es dann »Grimm spielt Grimm« – irgendein Märchen-Crossover und ich war die Hexe Wackelzahn. Vielen Dank, doofer Urlaub an der See und doofes Mädchen auf der doofen Schaukel, die mich mit drei Jahren mitten im Gesicht traf und mir meine oberen Milchzähne rausschlug. Eine Rolle, wie für mein Spangengesicht geschrieben also. Egal, da oben auf der Bühne, anderthalb Meter über den Köpfen der berüchtigten Schulhofgang, die es in den Pausen auf mich abgesehen hatte, da war ich frei, unantastbar.

Ich hatte Blut geleckt und 1988 in derselben Schule, unter der gleichen Lehrerin, durfte ich bei CATS mitspielen. Ganz ehrlich, wenn ich nicht eh schwul geworden wäre, das hätte ein Auslöser sein können und meine Mutter trägt mit Schuld dran. Ich war die schwulste männliche Katze des ganzen Stücks - Pappohren mit Puschel, schwarze enge Leggings, die Freddie Mercury nicht besser hätte tragen können, beklebt mit – Achtung Klischee – Wattebäuschchen. Kein Scherz – eine Katze braucht ja weiße Tupfen. Siehe Fotobeweis.

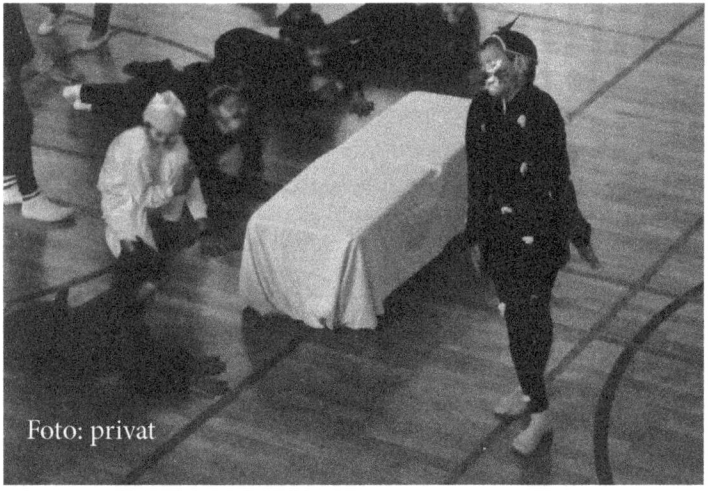

Foto: privat

10

Fertig gelacht? Gut. Ich war überwältigend. Also keine Ahnung, in der Zeitung stand zumindest nur lobendes Zeug. Da war es vorbei. Ich wusste wo ich stehen will. Auf der Bühne und wenn gerade auf der Bühne nichts zu tun ist, dann neben einem Klavier um zu üben, wenn es wieder auf die Bühne geht. Warum nur ein Leben, wenn man mit Liedern und Stücken vielen Leben seine eigene Note aufdrücken kann? Und somit begann meine Reise und es gab keinen Weg zurück.

Da war ich als Kind schon Niederrheiner, stur wie Sau eben. Ein Satz der mir und euch immer wieder begegnen wird, ist: »Ich bin mit 14 Jahren von Zuhause weggegangen und kam als Kapitän zurück. Was ist dein Weg, mein Sohn?« Ja, Papa – eben nicht dieser Weg. Und wenn er sagte: »Das ist alles brotlos!« murmelte ich in mich hinein: »Ich steh eh mehr auf Brötchen.« Ich hatte es mir in den Kopf gesetzt und von nun an in meinem Zimmer lauthals zu jedem Queen-Song mitgesungen, angefangen Geschichten, Gedichte und Liedtexte zu schreiben. Keine Gelegenheit ließ ich aus,um wieder auf den berühmten Brettern zu stehen und wenn es auch nur der Dielenboden einer Allzweckturnhalle der Schule war. Egal, die Luft auf der Bühne ist eine andere und ich brauchte sie zum Leben. Etwas mehr über dieses Leben erfahrt ihr in diesem Buch und in den Songs. Ich hoffe ihr habt euren Spaß damit und kommt mit – auf die Bretter:

Track 1

Bretter

Text: Bretter – 2017

Strophe:
Da ist dieser Vorhang, samtig, rot und dick.
Davor hört man Gemurmel – riskier ich einen Blick?
Das Herz, es schlägt Saltos, es gibt keinen Weg zurück.
Ich komm um dich zu suchen –
Sei Bestimmung, sei mein Glück.

Refrain:
Bretter, die die Welt bedeuten, geben meinen Füßen Halt.
Hier kann ich die Fesseln lösen, ist die Welt auch noch so kalt.
Bretter, die die Welt bedeuten, ich nenn euch mein Zuhaus,
ich hoff, ich kann die Miete zahlen –
bis zum allerletzten Applaus.

Strophe:
Der Vorhang, er hebt sich, das Saallicht geht aus.
Kurzes Klopfen auf die Schulter, nun ins Rampenlicht hinaus.
Das Herz schlägt auf der Zunge, Panik vor dem ersten Takt.
Das Lampenfieber senkt sich –
wird von Leidenschaft gepackt.

Refrain:
Bretter, die die Welt bedeuten, geben meinen Füßen Halt.
Hier kann ich die Fesseln lösen, ist die Welt auch noch so kalt.
Bretter, die die Welt bedeuten, ich nenn euch mein Zuhaus –
Ich hoff, ich kann die Miete zahlen –
bis zum allerletzten Applaus.

C-Teil:
Ich stand hier schon als König, Bettler, Narr und Lebemann.
Ich hab auf euch gesungen, wie es meine Stimme kann.

End-Refrain:
Bretter, die die Welt bedeuten, ich nenn euch mein Zuhaus –
ich hoff, ich kann die Miete zahlen –
bis zum allerletzten Applaus – zum letzten Applaus –
der letzte Applaus – der letzte Applaus.

Kapitel 1

Ein Interview gegen offene Fragen

Es ist immer schwer, in eigenen Worten niederzuschreiben wer man ist, wo man herkommt und was man so macht. Wenn man gefragt wird, in einem Interview zum Beispiel, dann ist es schon einfacher. Mein lieber Freund Frank Lothar Lange, der mich oft für die BRAVO fotografiert hat, hat mit Gesichter Ruhr ein tolles Interviewportal geschaffen und mich für dieses Projekt fotografiert und interviewen lassen. Das Bild seht ihr hier auf dem Cover des Buches. Nun dachte ich mir, nach der eigenen Einleitung machen wir ein kurzes Break mit diesem Interview – in diesem kleinen Frage-Antwort-Spiel liefere ich viele Einblicke, die mit Sicherheit für das Verständnis der ein oder anderen folgenden Geschichten dieses Buches hilfreich sein könnten.

»Ich bin auf die Bühne geflüchtet.«
Markus Grimm, 38, aus Moers

Hallo Markus. Stell dich doch kurz vor.
Ich bin Markus Grimm. Ich bin 38 Jahre alt und wohne in Moers. 2004/2005 wurde ich durch Popstars bekannt. Ich habe in der Band Nu Pagadi gesungen. Ich stehe in verwandtschaftlicher und künstlerischer Verbindung zu den Brüdern Grimm und bin aktuell Künstler und Autor.

Liegt Moers eigentlich noch im Ruhrgebiet?
Gerade noch so, aber wir Niederrheiner legen ja auch sehr viel Wert darauf, dass es eben der Niederrhein ist. Wenn ich das nicht erwähne, wird mir der Wikipedia-Eintrag als »Sohn der Stadt Moers« mit Sicherheit entzogen. Ich bin ein Dorf-Stadt-Kind. Moers hat mir viel gegeben. Das ist Heimat. Ich gehöre da zum Inventar und das ist auch ok so. Ich habe auch schon woanders gewohnt, aber bin doch immer wieder zurückgekehrt.

Wie war deine Kindheit in Moers?
Es war alles dabei. Während meiner Schulzeit bin ich sehr gemobbt worden. Einfach, weil ich ein Grimm bin und der kleine Junge mit den schiefen Zähnen war. Meine Mutter hat damals einen Ahnenbrief mit in die Schule gebracht, um meinen Mitschülern, die mir immer auf die Fresse gehauen haben, zu zeigen, dass es wirklich stimmt. Dass ich tatsächlich mit den Gebrüdern Grimm verwandt bin. Damit hat sie ihnen leider nur die Vorlage gegeben, mir erst Recht auf die Nase zu hauen. So bin ich des Öfteren auf dem Schulhof in der Papiertonne gelandet.

Was hast du dagegen gemacht?
Ich bin auf die Bühne geflüchtet, weil ich da anderthalb Meter über den Leuten stand, die mich geschlagen haben. Ich war so einfach aus der Reichweite. Wenn ich Theater gespielt habe, war ich unantastbar. Was nicht verhindert hat, dass ich in der nächsten Pause wieder auf der Abschussliste stand. Ich muss echt scheiße gewesen sein. Ich passte einfach nicht ins Normbild der 90er. Ich saß immer hinten in der letzten Reihe mit meinem Walkman und habe Queen gehört. Ich war nie Teil einer Clique. Ich habe als Kind sehr hässliche Zähne gehabt, weil ich mit drei Jahren gegen eine Schaukel gelaufen bin. Die Zähne oben sind dann lange im Zahnfleisch geblieben und als sie kamen, waren sie schief. Solange ich nicht ausgewachsen war, konnte man da nichts daran machen. Deswegen war immer einer der Sprüche, die ich mir anhören musste: »Du stinkst aus dem Mund wie 'ne Kuh aus'm Arsch.« Ich habe heute immer noch ständig Kaugummi dabei. Das ist geblieben. Ich würde auch nicht sagen, dass ich selbst Schuld hatte. Was hätte ich denn machen sollen? Da war auch sicher viel Neid dabei. Weil ich eben meinen Fluchtweg gefunden hatte. Und weil die Lehrer mich oft ganz cool fanden, wenn ich die Hexe Wackelzahn gespielt habe oder mit ersten Gedichten und Geschichten Welten erschaffen habe.

Die Bühne war dein Zufluchtsort. Hast du diesen Weg auch beruflich eingeschlagen?
Mein Vater war Schifffahrtskapitän, meine Mutter Hausfrau, mein Bruder ist Kapitän- und Hafenmeister, meine Schwester hat in dem Schifffahrtsunternehmen, in welchem mein Vater Kapitän war, ihre Ausbildung gemacht, und dann kam ich. Und ich wollte Theater spielen und Musik machen. Ich bin aufgewachsen mit dem Satz »Ich bin mit 14 von Zuhause weg und

kam als Kapitän wieder. Was ist dein Weg, mein Sohn?« Meine Antwort darauf war immer: »Papa. Das war 1800. Das funktioniert heute nicht mehr so. Wir haben 1990.« Alles, was ich machte, war brotlose Kunst. Also für meinen Vater – für mich nicht! Nach der Schule habe ich ausgerechnet mit den Jungs, die mich früher auf dem Schulhof und Bolzplatz gemobbt haben, eine Band gegründet. Die wollten mich als Sänger. Ich bin in einen Musicalverein eingetreten und habe da meine erste Musicalstory geschrieben, die dann auch aufgeführt wurde. In der Zeit vor der Musicalpremiere hatte ich mit meinen Eltern bestimmt ein halbes Jahr kaum geredet. Weil ich in der Zeit auch bei Schauspielschulen vorgesprochen habe und mein Vater damit einfach nicht einverstanden war. Meine Eltern sind aber dann zur Premiere gekommen, haben sich das Stück angesehen und mein Vater kam danach zu mir. Er sagt einfach nur: »Ja schön. Aber eben brotlos.«

Hast du auch eine klassische Berufsausbildung?
Ich habe tatsächlich während der Schulzeit nur eine einzige normale Bewerbung geschrieben. Was man eben macht, um eine klassische Ausbildung zu finden. Weil meine Eltern wollten, dass ich was Vernünftiges lerne. Ich war also beim Bildungszentrum an so einem Computer, wo man eingeben konnte, was man gerne macht und was einem liegt, um den passenden Ausbildungsberuf zu finden. Ich hab da alles eingegeben, damit Schauspiel und Musik rauskommt: mit Menschen zu tun haben, usw. Und da empfiehlt diese blöde Kiste mir »Verkäufer«. So bin ich Verkäufer bei Obi geworden. Und da hab ich meinen Morgen mit Feinripp-Unterhemden-tragenden, nach Bier riechenden Bauarbeitern verbracht und habe denen Zement verkauft. Menschen, die ebenso hart arbeiteten wie

mein Vater. Um sprachlich beim Theater zu bleiben ich war in dieser Rolle einfach fehlbesetzt.

Aber die Rollen wurden im Laufe der Zeit besser. So habe ich danach in einer Behindertenschule meinen Zivildienst gemacht. Da ist mir aufgefallen, dass mit den Behinderten in der Schule nur Schattentheater aufgeführt wurde. Hinter einem Bettlaken konnten sie mit Lampen angestrahlt spielen. Und ich fragte mich warum. Nach dem Zivildienst hat mir mein Vater den Geldhahn zugedreht und ich bin nach Wien abgehauen. Da habe ich als Au-Pair in einer Familie gelebt, zu der ich immer noch guten Kontakt habe. In Wien habe ich mich selbst gefunden und verloren. Ich war ein Fremder in der Stadt und eben nicht mehr der kleine Junge vom Niederrhein. Da habe ich dann mit 20 die Schwulenszene unsicher gemacht. Ich habe da sehr viele Leute kennengelernt, die Schauspiel studiert haben. Es war eine faszinierende Zeit.

Warum bist du dann von Wien wieder hierhergezogen?
Mit 21 habe ich einen Termin für ein Vorsprechen für einen Theaterpädagogikplatz in Neuss bekommen. Da waren echt nur strickpullitragende Grundschullehrerinnen und vollwertige Pädagogen. Ich habe von meinen Erfahrungen mit den behinderten Kindern erzählt, die nur Schattentheater spielen durften und wie schade ich das fand. Da haben die mich angenommen und ich habe mit den ganzen coolen Muttis als einziger Typ Theaterpädagogik studiert. Das war der erste Jahrgang, den es gab. Der Schein lag jetzt fast 15 Jahre lang rum und jetzt bin ich seit einem Jahr festangestellter Theaterpädagoge in einer Jugendeinrichtung und mache da Musikprojekte. Manchmal brauchen Sachen einfach Zeit. Denn als ich fertig war mit dem Studium, kam Popstars. Und ab da raste die Zeit.

Wie lief das mit Popstars ab?
Ich habe mich damals bei Pro7 beworben, weil sie Songwriter und Musiker für eine außergewöhnliche Staffel gesucht haben. In dem Jahr wollten die wohl wirklich mal was machen, was mit Musik zu tun hatte. Ich bin dann zusammen mit meiner Band nach Düsseldorf zum Casting gefahren. Wir waren eine New-Metal-Rock-Band und wir haben als einzige ein komplettes Line-up aufgebaut und einen Song gerockt. Lukas Hilbert, der in der Jury saß, meinte dann, ich solle mal ohne Band vorsingen. Und dann kam nur der Satz »Jetzt musst du dich entscheiden. Willst du den Weg alleine weitergehen und dafür deine Jungs verlassen?« so ganz dramatisch. Ich hab nur gesagt »Klar, mach ich!« Ich hatte das ja vorher mit meiner Band abgesprochen, weil ich auch dachte, ich flieg da eh raus. Die suchen mich nicht. Aber ich kann vielleicht ein bisschen Werbung für die Band machen und wir müssen nicht immer nur im Jugendheim im Keller spielen sondern können vielleicht mal in einem netten Clubcafé in Köln auftreten.

Ja. Und dann hab ich die Scheiße gewonnen. Das war so nicht geplant. Die haben mich bei meinem Ehrgeiz gepackt und dann bin ich losgelaufen. Ich hab 16 Kilo auf dem Weg verloren und am Ende der Zeit waren nicht nur 16 Kilo weg, sondern auch meine Freude an der Musik. Das war eben nicht das, was man sich vorgestellt hat. Man hat sich immer gedacht, man steht da auf der Bühne und hat seine Plattenfirma im Rücken. Man kann frei sein, sein Leben bestreiten und macht seine Musik. Aber irgendwie war es das nicht. Vielleicht waren wir mit unserer Musik aber auch der Zeit voraus. Nach uns kamen Tokio Hotel, LaFee und die ganzen Rockgeschichten, die plötzlich funktioniert haben.

Wie war letztendlich die Auflösung der Band?
Wir waren zu dem Zeitpunkt sowieso nur noch zu dritt.
Doreen war schon raus. Und dann war irgendwann einfach
still und leise Ende. Und es war auch gut so. Weil man dann
nicht noch mehr verbrannte Erde hinterlässt. Heute erinnern
sich die Leute an uns und denken vielleicht »ach, war eigentlich
ganz cool«.

Und was kam danach?
Ich hatte das Glück in meiner Zeit mit der Band eine Hand-
voll toller Leute kennengelernt zu haben. So arbeite ich nun
seit über 10 Jahren mit dem Komponisten Richard Geppert
zusammen und schreibe Songtexte für seine Projekte und
Musicals. Mit Michael Grimm und Stefan Breuer habe ich zwei
erfolgreiche Kindermusik-Produzenten an meiner Seite, die an
meine Texte glauben. Wir haben in den letzten Jahren einige
CDs zusammen veröffentlicht, wie zum Beispiel das offizielle
Liederalbum zu dem Buchklassiker »Der kleine Prinz«. Im
Frühjahr 2017 folgt die CD zu der unglaublich erfolgreichen
Kinderserie »Mascha und der Bär«, bei der ich wieder Songtexte schreiben durfte. 2012 kam die Anfrage von Universal
zum 200-jährigen Jubiläum der Gebrüder Grimm, ob Michael
Grimm und ich nicht zusammen eine Märchen-CD machen
würden. Wir haben erst Bedenken gehabt und überlegt, ob
man eine weitere Märchen-CD braucht, aber dann zugesagt.
Wir wollten und durften es auf unsere eigene Art machen und
haben die Märchen mit neuer Musik und neuen Liedern ver-
tont. Natürlich gab es auch ein Fotoshooting im historischen
Fummel.

Ich habe nicht damit gerechnet, dass das so eine Welle schlägt.
Wir haben uns eine junge Regisseurin in Schwerte gesucht,

Sina Weber, und haben mit ihr ein Stück gebastelt. Daraus wurde tatsächlich ein abendfüllendes Comedyformat, was auf Märchen basiert. Seitdem treten wir damit jeden Winter auf. Dieses Jahr erscheint im Herbst das Liederalbum dazu, mit all den Songs aus den Märchen.

Und jetzt schreibst du?
Ich bin Autor. Und wenn es um die Musik geht, bin ich gerade eher Geschichtensänger. Das passt gut zu den Projekten, die gerade anstehen.

Ich habe immer schon geschrieben. Ich hätte aber nie gedacht, dass ich damit mal mein Leben bestreite. Ich habe jahrelang dafür gebraucht, dass die Zeitungen hinter meinen Namen nicht mehr Nu Pagadi oder Popstars schreiben. Jetzt steht da Künstler und Autor. Das ist vielleicht der größte Erfolg, den ich jemals erreicht habe.

Was hast du für Bücher geschrieben?
Ich habe zum Beispiel einen Amazon-Bestseller geschrieben: »Sex, Drugs and Castingshows«, zusammen mit Martin Kesici. Natürlich hast du bei sowas immer autobiografische Züge mit drin. Aber ich versuche das Ganze immer mit einer augenzwinkernden Seite zu verpacken.

Mein Lieblingszitat ist von Aerosmith: »Life is a journey, not a destination. « Und so lebe ich auch. Ich habe zum Beispiel auch Kinderbücher rausgebracht und Hörbücher. Manchmal bin ich in Dinge einfach reingestolpert, aber ich habe sie dann auch durchgezogen. Zum Beispiel dieses Kinderkochbuch. Das hätte es eigentlich gar nicht gegeben. Aber ich betrunken! Das ist eine ganz witzige Geschichte. Ich hatte ein Kinderbuch geschrieben: »Fleckies Reisen«. Inspiriert durch einen Marien-käfer in meinem Auto, den ich mal mit nach Köln genommen hatte. Ich dachte »Wenn der jetzt in Köln aussteigt, der kennt da ja keine Sau!«. Das hatte ich meinem Verleger erzählt und wir haben das Buch dann realisiert. Da hieß es dann auch wieder »Du bist doch ein Grimm. Du kannst doch Märchen schreiben.« Das verfolgt mich eben immer wieder. Dann hab ich das einfach gemacht und es war toll. Wer hätte das erwartet von jemandem, der bei Popstars mitgemacht hat?

Dann war das Buch fertig und mein Freund Martin Kesici war bei mir. Wir haben in einem Rockclub – im Pulp – gefeiert und mein Verleger rief mich auf dem Handy an und wollte mir sagen, dass das Buch aus der Druckerei zurück ist. Den Anruf habe ich allerdings verpasst und er hat es mir auf die Mailbox gesprochen. Irgendwann nachts habe ich die Mailbox abge-hört und ihm daraufhin angetrunken wie ich war auf die Box genuschelt »Finnichsupperfleckisspeisen« und hab aufgelegt. Am anderen Morgen hatte ich wieder eine Nachricht von ihm und er sagte »Fleckies Speisen! Find ich super! Das machen wir! Ein Kinderkochbuch!« Ich war total baff, aber was hab ich gemacht? Ein Kinderkochbuch. Das erste Buch war noch nicht mal draußen, da haben wir schon das zweite geplant. Ich habe alle möglichen Bekannten angerufen, ob sie mitmachen würden und ein Rezept schicken könnten. Martin Kesici hat türkische Nudeln mit Joghurt beigesteuert, Christian Rach die Fischstäbchen, von Brian May von Queen wurde mir ein Rezept von dem Nachtisch seiner Oma geschickt und ich habe zu den Rezepten Geschichten geschrieben. Und das war dann »Fleckies Speisen«. Was nur entstanden ist, weil ich angeheitert auf eine Mailbox gesprochen habe.

In den letzten Jahren sind viele Geschichten und Songtexte entstanden, siehe Album »Märchen, die das Leben schrieb.« Die 16 Kilo sind längst wieder da und nun auch endlich wieder der Spaß an der Musik.

Schaut mal auf www.Gesichter-Ruhr.de vorbei. Da warten noch viele spannende Interviews und Geschichten bzw. Gesichter.

Kapitel 2

Das Märchen vom
Opium im Weihrauch

Kennt ihr ewige Legenden und Gerüchte? Diese Wahrheiten, die nie aussterben, obwohl bereits tausendfach das Gegenteil belegt wurde? Ein Beispiel? Der Satz der ultraschlauen Schulhof-Gang: »Du bist nur cool und kannst bei uns mitmachen, wenn Du Dir selbst am Ellenbogen lecken kannst!« Also, ich bin mir ziemlich sicher, dass irgendjemand im Mittelalter bereits aufgeschrieben oder ausgesprochen hat, dass es nicht möglich ist, seinen eigenen Ellenbogen zu lecken und dann in den 90ern gab es da diesen Jungen (ich senke beschämt den Blick), der es trotzdem versuchte, weil irgendwer gesagt hat, dass es geht. Während ich diese Zeilen tippe, bin ich mir ziemlich sicher, dass einige von euch es beim Lesen später probieren werden und ich gebe zu, ich habe es gerade auch noch mal versucht, nur um final sicher zu gehen – ihr wisst schon – dass es wirklich nicht geht. Warum gehen manche Dinge nicht? Was soll der Scheiß? So wie die Sache mit dem Fliegen.

Wer kennt ihn nicht, diesen Traum vom Fliegen. Nicht in einem Flugzeug, nicht mit einem Gleitschirm – nein, einfach so – wie in dieser tschechischen Kinderserie »Der fliegende Ferdinand«

aus den 80ern – bitte sagt mir, dass einige diese Serie kennen, sonst fühl' ich mich wie ein uralter Mann, dessen nächste Anschaffung kein Gleitschirm, sondern eine Gehhilfe sein sollte – also, in dieser Serie konnten die Kids fliegen, wenn ich mich recht erinnere, mussten sie dazu nur an einer bestimmten Blume riechen und konnten einfach so abheben. Wer von uns kennt diesen Traum nicht? Im nächtlichen Schattentheater der Träume hat es auch immer einfach so funktioniert. Ich musste nur drei schnelle Schritte Anlauf nehmen, dann nach vorne springen und die Arme schwingen. Im Traum stoppte mein Fallen kurz vorm Boden und durch die wellenartigen Armbewegungen schwebte ich über dem Verkehrsteppich in meinem Zimmer. Ausladende Armbewegungen sorgten dafür, dass ich an Höhe gewinnen konnte und wenn ich mich Horizontal in die Luft legte, so konnte ich durch Schwimmbewegungen vorankommen und Geschwindigkeit zulegen. Das funktionierte überall, und wenn mir die Gang auf dem Schulhof wieder auf die Nerven ging, so hob ich ab und schwebte über die Turnhalle davon. Großartiger Traum und allemal besser, als dieser blöde Traum, bei dem irgendwer hinter einem her rennt und man so schnell rennt wie man nur kann, aber immer nur auf der Stelle tritt. Dann doch lieber fliegen.

Früher, so mit zehn Jahren, verschwommen die Grenzen zwischen Traum und Realität allerdings noch sehr leicht und so wurde ich eines Morgens wach, nach einem ebensolchen Traum vom Fliegen, und dachte, ich nehme die Luftstrecke ins Bad. Wieder so eine »Haben schon andere ausprobiert und funktioniert in Wirklichkeit nicht«-Geschichte. Ich stieg also aus dem Bett, nahm drei schnelle Schritte Anlauf und sprang ab. Egal wie hektisch ich mit den Armen ruderte, ich landete recht unsanft auf meinem Gesicht und meinem linken Arm.

Immerhin war dank des Schlingenverbandes nun klar, dass ich nicht mehr versuchen brauchte, meinen Ellenbogen zu lecken. Doch so wie mit dem Fliegen oder der Ellenbogengeschichte, haben sich auch andere Gerüchte ihren Weg durch die Zeit gebahnt und sind zu Wahrheiten herangewachsen. So wie die Geschichte mit dem Opium im Weihrauch.

Da ich aus einem kleinen Dorf am Niederrhein komme – Moers-Asberg – war ich bereits seit der Taufe fest als Messdiener eingeplant. Das war eine wunderbare Zeit, unser Glaube festigte sich nicht über irgendwelche Legenden aus alten Büchern, sondern durch unsere Freundschaft. Es war nicht wichtig an welches Körperteil deine Zunge heranreichte, sondern vielmehr, ob Du es schafftest, nach der Sonntagsmesse unauffällig ein oder zwei Flaschen Messwein aus der Sakristei mitgehen zu lassen und diese mit den anderen im Jugendkeller zu teilen. Wir waren uns ziemlich sicher, dafür in die Hölle zu kommen, wobei wir es wieder gut gemacht hatten, da wir später den versteckten Wodka des Hausmeisters gefunden und »entsorgt« haben und ihn so vor einer Alkoholvergiftung bewahrt haben, die wir uns stattdessen zugefügt hatten. Das war doch wohl eine gute Tat, oder?

Nun gab es da ein Gerücht in Messdienerkreisen, dass es neben dem Wein noch eine andere berauschende Droge in der Sakristei geben sollte – den Weihrauch. Es hielt sich hartnäckig die Legende vom Opium im Weihrauch. Da waren wir also, die Jungs die weder fliegen, noch sich selbst am Ellenbogen lecken konnten, aber sich sicher waren, beide Fähigkeiten gleich zu erlangen, wenn wir nur genügend vom Weihrauch inhalieren würden. Ich zweigte ein paar Löffel des körnigen Wunderstoffes in die Jackentasche meines Parkas ab und rannte auf die

Wiese hinter die Kirche. Da wartete mein bester Freund und Mitmessdiener Andi – der beste Freund, mit dem du auch für alle anderen Legenden des Lebens Beweise sammeltest und die Rückendeckung warst, wenn einer von euch beim »Ihr habt nur Blödsinn im Kopf«-Kram erwischt wurde. Andi drehte also etwas Weihrauch und Tabak in ein Zigarettenpapier und wir steckten ihn an – den heiligen Joint. Engelschöre erklungen und verstummten sogleich wieder, denn ... es passierte nichts.

Was zum einen daran lag, das die Körner einfach so aus dem Papier fielen und zum anderen daran, dass wir einfach nicht mutig genug waren, richtig an dem heiligen Stoff zu ziehen – es blieb nur ein seifiger Geschmack auf der Zunge, der sich aber mit etwas Messwein wieder wegspülen ließ. Da zeigte doch das mit einem dünnen Strohhalm getrunkene Malzbier mehr berauschende Wirkung, als die heilige Tüte. Das mit dem Malzbier ist im Übrigen noch so eine Legende und meine damaligen Freunde aus der Fußball-C-Jugend des TV-Asberg und ich können beschwören, dass wir nach dem Spiel richtig schön Malztrunken waren. Wie meine Mutter immer sagte: »Einbildung ist auch eine Bildung!« und sie musste es ja wissen. Somit ist weder die Weihrauch- noch die Malzbier-Legende final geklärt, aber da ich heute auch immer noch weiß, ob ich nicht doch fliegen kann, befinden sich diese ungeklärten Legenden in guter Gesellschaft.

So ist das mit den Legenden. Sie sind das Futter der Fantasie – der Zündstoff für Generationen – eine wiederkehrende, sich immer wiederholende Geschichte über Generationen hinweg, schon oft widerlegt und doch wiederholt, sie sind die Hand auf der heißen Herdplatte unserer Erziehung und solange wir noch an Legenden glauben, solange ist nicht alle Hoffnung verloren – solange noch die Möglichkeit besteht, dass etwas doch funktioniert, obwohl alle schreien »Das geht nicht!« – solange können wir noch fliegen. Eines Morgens werden wir sicherlich aufwachen müssen, werden zwar kurz schlaftrunken vergessen haben, dass es nur ein Traum war, aber wir werden nicht mehr Anlauf nehmen, um zu probieren zu fliegen, wir werden schmunzeln, vielleicht seufzen und tief in uns wissen »Das geht doch nicht!«, und wenn dieser Morgen gekommen ist, dann hoffe ich, dass wir alle unser Happy End gefunden haben und nicht auf dem Weg dorthin auf der Strecke geblieben sind und dass wir vielleicht doch noch ab und an mit einem Augenzwinkern an diesem Strohhalm im Malzbier ziehen und uns berauscht fühlen, wie vom Weihrauch in der Weihnachtsmesse.

Es sind eben diese Legenden, diese kleinen Dinge, die einen immer wieder schmunzelnd zurückblicken lassen. Damit man zurückblicken kann, sollte man jeden Tag Leben und neue Legenden erschaffen, widerlegen, wiederbeleben – kein Tag sollte einfach verwehen.

Verwehen

Text: Verwehen – Neuaufnahme 2018

Intro–Strophe:
Ich kann nicht mehr zielen, denn ich bin blind,
vor lauter Eitelkeit, die mich gefangen nimmt.
Ich kann nichts mehr hören, denn ich bin taub,
vor lauter Traurigkeit, allein an diesem Ort.

Ich will hier nicht sein und will hier nicht bleiben,
was soll das Leben ohne dich noch weiter treiben.

Wo führt es hin, wenn wir verweilen, wo liegt der Sinn,
wenn Du nicht bei mir bist.

Strophe:
Ich kann nicht mehr zielen, denn ich bin blind,
vor lauter Eitelkeit, die mich gefangen nimmt.
Ich kann nichts mehr hören, denn ich bin taub,
vor lauter Traurigkeit, allein an diesem Ort.

Ich will hier nicht sein und will hier nicht bleiben,

was soll das Leben ohne dich noch weiter treiben.

Refrain:
Wo führt es hin. wenn wir verweilen, wo liegt der Sinn,
wenn Du nicht bei mir bist.

Lass uns einfach alle Stunden hier teilen –
bis wir verwehen, wir verwehen.

Bridge:
Was sollen die Blumen auf den Gräbern, sie werden verwehen,
so wie wir vergehen, wir vergehen.

Was sollen die Blumen auf den Gräbern, sie werden verwehen,
so wie wir vergehen, wir vergehen.

Refrain:
Wo führt es hin wenn wir verweilen, wo liegt der Sinn,
wenn Du nicht bei mir bist.

Lass uns einfach alle Stunden hier teilen –
bis wir verwehen, wir verwehen.

C-Teil
Was sollen die Blumen auf den Gräbern, sie werden verwehen,
Was sollen die Blumen auf den Gräbern, sie werden verwehen,
lass uns einfach alle Stunden hier teilen, bis wir verwehen,
wir vergehen.

Kapitel 3

Grusel für den Moment

Erinnert ihr euch noch an die großen und kleinen Ferien? Nicht die mit den Eltern in irgendeiner abgeschotteten Clubanlage mit Kidsclub und der musikalischen Frühverziehung zum Schlager oder an der Nordsee. Oh man, Nordseeurlaub. Okay zugegeben, die unzähligen Sommer an der Nordsee waren super und eine der schönsten Erinnerungen, die ich habe. Mein Vater musste die eine Hälfte der Sommerferien mit dem Schiff auf Reisen gehen und somit verbrachte ich einen Teil meiner Ferien auf dem Rhein zwischen Duisburg und Rotterdam. Die anderen drei Wochen ging es um die Welt, ach Quatsch, nach Welt – einem kleinen Ort in Nordfriesland, an den Strand von Vollerwiek. Hierbei fällt mir ein, dass ich einen Teil meiner Figur des dicken Jungen aus den 90ern dem sogenannten »Vollerwieker« verdanke, der mutierten Version eines Frikkobrötchens. Ein Monster von einem Brötchen aus dem Strandimbiss in Vollerwiek, belegt mit einer dicken frisch gebratenen Bulette, die halb aufgeschnitten und mit Krautsalat randvoll gefüllt und als kleines Sahnehäubchen mit einer geschmolzenen Scheibe Käse überzogen wurde.

Genau genommen ist das bis heute ein leichter Snack, den ich mir mittags ab und an zubereite. Also sowas wie frühkindliche

Prägung gibt es scheinbar nicht nur bei Musik, sondern auch beim Essen. Beim Essen sind es bei mir also Dinge aus Hack und bei Musik zum Glück nicht Schlager, dem billigen abgepackten Zwiebelmett unter den Musikrichtungen, sondern gute handgemachte Musik, die Bekanntschaft mit echten Instrumenten gemacht hat. Mal halb zurück zum Thema. Während ich zuhause in der Schule eher der Außenseiter war, so war ich im Sommer in den Ferien mit meinem Vollerwieker in der Hand ein Teil einer coolen Clique. Die einheimischen Jungs Michael, Jan und Gonne lernte ich in meinem ersten Sommer in Welt auf dem Bolzplatz kennen, sie lehrten mich das Gruseln und sorgten dafür, dass ich nicht mehr im Meer schwimmen wollte. Wir freundeten uns im Sommer 1992 sofort an und erlebten einige Abenteuer zusammen, dazu erzähl' ich vielleicht später mehr. Es gab noch kein Handy oder Pager, aber wenn wir uns suchten, so konnten wir uns Nachrichten am Baum des Bolzplatzes hinterlassen und meistens trafen wir uns dort auch so wie so am Nachmittag. Dies funktionierte sogar über Jahre hinweg und auch dann, wenn ein Winter dazwischen lag. Wenn ich im nächsten Sommer wieder in Welt war, dann waren die Jungs auch noch da, am Bolzplatz, als wäre kein Tag vergangen. Wenn wir nicht am Strand oder am Bolzplatz waren, dann waren wir in der Töpferei von Michaels Mutter oder bei Jan zum Essen.

Jan hatte einen eigenen Videorekorder in seinem Zimmer, die VHS-Kassette von »Der weiße Hai« und eine Mutter, die perfekte Spaghetti mit Tomatensoße machen konnte. Es war 1993 und somit waren wir noch drei Jahre vom Erreichen der Altersfreigabe für den Film entfernt, aber es regnete und somit waren sowohl Strand als auch Bolzplatz gestorben und außerdem gab es Spaghetti und Popcorn. Also ab aufs Bett, Nudeln rein, Popcorn in die Schnute und Film ab. Alter Falter, was hab ich mir in die Hose gekackt und mich aus Angst am Popcorn festgeklammert. Bisher waren die spannenden Abenteuer von Michael Knight und K.I.T.T. meine Nervenkitzel-Oberkante und außerdem war mein ALF-Teddy nicht in Griffweite, als dieses Monster da aus den Wellen des Fernsehers auftauchte. Am nächsten Tag am Strand konnten mich keine zehn Pferde von der Luftmatratze ins Wasser bewegen, immerhin könnte ja der Hai da im trüben Nordseewasser lauern und Hunger auf dicke Jungs haben. So saß ich im Strandkorb und schaute aufs Wasser, als Michael meinte, es würde noch etwas gruseligeres geben als diesen Film und so stiegen wir auf das Fahrrad und fuhren zu einem alten Haus mit Reetdach– nein kein Horror-haus, ein Laden für alte Bücher und Comics. Neben Schund-romanen gab es eine Sammlung alter Bravo-Magazine für eine Mark pro Heft. Was muss das für eine tolle Zeit gewesen sein, als Pierre Brice und die junge Uschi Glas auf dem Cover waren und nicht Marusha. Ganz unten in einer Kiste lagen sie, die Hefte von denen Michael sprach: »Gespenstergeschichten« – gruselige Kurzgeschichten als Comic und mit wirklich schreck-lichen Bildern. Ich kannte die Hefte, an unserem Büdchen in Moers-Asberg gab es jede Woche ein neues davon, da sie auch noch 1993 erschienen. Wir kauften ein paar der alten Ausgaben für drei Mark und fuhren zum Baum am Bolzplatz.

Wir verschlungen die Comics wie die Spaghetti von Jans Mutter und merkten kaum, dass es bereit dunkel wurde. Für mich hätte dieser Sommer ewig gehen können. Er fühlte sich so gut an und ich war Teil einer Bande geworden, etwas, das dem Jungen aus der letzten Schulbank zuhause verwehrt blieb. Ich erlebte noch sechs weitere Sommer in Welt, irgendwann verloren die Jungs und ich uns aus den Augen, aber die Erinnerung an

endlose Sommernächte, leckere Spaghetti, spannende Fußball-
spiele und stundenlanges Stöbern zwischen alten Büchern und
Comics sind geblieben. Seit diesem Sommer kaufte ich mir
jede Woche die neue Ausgabe der »Gespenstergeschichten«
am Büdchen in Moers-Asberg. Jetzt also zurück zum Thema.
Die Gruselgeschichten waren die Inspiration für eine Aufgabe,
die ich Jahre später in den kleinen Ferien übernahm, in den
Pfingstferien, um genau zu sein.

Im selben Jahr, wie meine Sommer an der Nordsee begonnen,
begann auch meine Teilnahme am Pfingstzeltlager des Gemein-
deverbandes Moers. Bis 1995 war ich als teilnehmendes Kind
dabei, ab 1996 dann als Betreuer. Neben dem Tagesprogramm
mit Schwimmen, Basteln und Spielen, waren die Abende am
Lagerfeuer das Highlight. Nicht zuletzt wegen des Stockbrots,
aber am meisten wegen der einen Nacht, in der wir nicht ins
Bett, also nicht in den Schlafsack geschickt wurden, sondern
die Glut des Lagerfeuers zur späten Stunde noch mal zu einem
lodernden Feuer entfacht wurde und eine verkleidete Gestalt in
unsere Runde trat, um eine gruselige Geschichte zu erzählen,
in deren Anschluss wir auf eine Nachtwanderung durch den
angrenzenden Wald geschickt wurden. Ich hatte keine Angst,
war ich doch die Gespenstergeschichten vom Kiosk gewöhnt.
Zumindest redete ich mir das immer so ein und dann im Wald
ging mir doch immer der Kackstift. In dem Jahr, in dem ich
Betreuer wurde, gab es Veränderungen im Team und die verkleidete Gestalt war nicht mehr im Team. Somit musste jemand
diese Aufgabe übernehmen und wer sollte es tun, wenn nicht
der kleine Grimm, der sich eh immer Geschichten einfallen
ließ. Also zog ich mich von nun an jedes Jahr am Abend der
Nachtwanderung mit Papier und Stift in die Lagerküche zurück
und schrieb meine eigene Gespenstergeschichte.

Bevor wir sie den Kids am Feuer erzählten, kamen die Betreuer in der Küche zusammen und ich las die Geschichte vor. Sie konnte nur dann gruselig sein und funktionieren, wenn die anderen eine Rolle übernehmen würden und im Wald verteilt an Stationen Szenen aus der Geschichte nachstellten würden und so taten wir es – Jahr für Jahr – wir waren ein gutes Team und die Kids haben sich so in die Hose gemacht wie wir selbst, als wir noch als Kids im Lager waren. Ich trat ans Feuer und erzählte die Geschichte und entwickelte ein Ritual. Immer wenn das letzte Wort gelesen war, schaute ich in die Runde und sagte: »Und wenn ihr nun in den Wald geht, dann hoffe ich, ihr kommt an einem Stück wieder zurück« und warf mit einem leichten Schwung das Papier mit der Geschichte ins Feuer. Es war eben nur »Grusel für den Moment« und keine Geschichte für die Ewigkeit. Wie dumm von mir, aus heutiger Sicht, immerhin machte ich das ganze über zehn Jahre und es waren ein paar echt gruselige Geschichten dabei. Literarisch kein großer Wurf, aber immerhin so bewegend, dass sie den Kids am Feuer eine kalte Gänsehaut gemacht haben. Es gibt tatsächlich nur eine Geschichte aus all den Jahren, die nicht im Feuer gelandet ist, weil ich das Papier daneben geworfen hatte und eines der Kids es gerettet hat. Diese Geschichte habe ich aufbewahrt und ihr könnt sie nun lesen. Sie ist von 1999, ein durchaus gruseliges Jahr. Wie gesagt, es ist nicht Shakespeare, aber ... ach egal, ich schäm mich nicht dafür:

Die weinende Frau – 1999

»Versammelt euch am Feuer, ich möchte euch von den schaurigen Geschichten aus dem Wald, der uns hier umgibt, berichten. Hört gut zu, so kommt ihr vielleicht heile durch diese Nacht. Vor vielen vielen Jahren war eine Frau mit ihren zwei Kindern hier im Wald zum Zelten unterwegs. Die Kinder gingen in den Wald, um dort am kleinen See zu spielen. Es war verboten in den kleinen See hinein zu gehen, aber da es so warm war an diesem Tag hörten die Kinder nicht darauf und gingen ins kühle Wasser. Plötzlich wurde das Wasser so heiß wie der Sand in der Sonne am Zeltplatz. Eine eiskalte Hand griff nach den Füßen der Kinder und zog sie mit sich auf den Grund des Sees. Alles ging so schnell, dass die Kinder nicht mal schreien konnten. Als der Nachmittag kam und die Kinder immer noch nicht zurück waren, ging die Frau auf die Suche. Sie rief ihre Namen und lief überall im Wald umher, konnte sie aber nicht finden. Die Nacht war bereits aufgekommen und neblig stand der Mond über dem kleinen See. Die Frau setzte sich ans Ufer und konnte keinen Schritt mehr gehen, sie war müde, so erschöpft und weinte über ihre verschwundenen Kinder. Plötzlich sprach eine schaurige Stimme, die aus der Mitte des Sees zu kommen schien, zu ihr: »Willst Du Deine Kinder haben, warte ich auf Deine Gaben. Bring zwei Kinder mir in dunkler Nacht und hast du zehne mir gebracht, so will ich Deine geben Dir zurück, unversehrt in einem Stück. Bei jedem fünften Vollmond bring sie mir, im tiefen Wasser warten wir.« Der Nebel wurde dichter und als der Morgen kam, war von der Frau nichts mehr zu sehen. Nur ein verlassenes Zelt fand man später hier auf dem Platz.

Im folgenden Jahr war die Nacht des fünften Vollmonds nebliger als alle Nächte zuvor. Eine Gruppe Kinder war hier auf dem Platz. In eben einer solchen nebeligen Nebelnacht, so wie diese hier, da hörte man die Frau zum ersten Mal. Ein grausam gequältes Weinen und Schluchzen hörten die Kinder hier am Lagerplatz und zwei neugierige und mutige Kinder gingen den Geräuschen nach. Es schien als würde es immer, wenn sie die Quelle des Geräusches nahe im Wald erreicht hatten, verschwinden und aus einer anderen Richtung kommen. So gingen sie ihm weiter nach und gerieten immer tiefer in den Wald, bis das Weinen sie zum Ufer des Sees führte. Das stand eine weinende Frau und sah so traurig aus. Als die Kinder näher kamen um zu fragen, ob sie helfen könnten, da packte sie die Kinder und stieß sie ins Wasser. Schnell eilte die eiskalte Hand aus dem Wasser und zog die Kinder mit sich in die Tiefe. Das Weinen verstummte und weder die Frau noch die Kinder waren irgendwo zu finden. Ein ganzes Jahr lang blieb es still – bis zum fünften Vollmond im nächsten Jahr. Immer in dieser Nacht war das Weinen zu hören, manchmal ging ein Kind nachsehen, was da passiert wäre. In manchem Jahr lagen die Kinder bereits brav in ihren Zelten und haben das Weinen nicht gehört. Über die Jahre verschwanden immer wieder Kinder, bis heute, so sagt man sich, wären es neun Kinder die im Nebel nach der Quelle des Schluchzens suchten und nie wieder zurück kamen. Ihr erinnert Euch? Die Stimme aus dem See hatte gesagt, sie müsse ihm zehn bringen um ihre Kinder zurück zu bekommen. Bei unserer Nachtwanderung gebt aufeinander Acht und folgt nicht dem Weinen, wenn Ihr es hört. Denn ja, diese Nacht hier ist die fünfte Vollmondnacht des Jahres – und wenn ihr nun in den Wald geht, dann hoffe ich, ihr kommt an einem Stück wieder zurück.«

Nach der Geschichte ging es mit aufgeteilten Gruppen der Kids und Betreuern auf die Nachtwanderung. Auf der festen Route der Nachtwanderung wurden von den übrigen Betreuern Stationen aufgebaut mit Elementen aus der Geschichte. Ein einsames beleuchtetes Zelt auf einer Lichtung zum Beispiel kann da schon für viele Schreie sorgen. Ein Betreuer im Taucheranzug der im flachen See auftaucht und »Bring mir die Kinder« ruft, ist der große Schocker. Ein Kind aus jeder Gruppe wurde immer eingeweiht und verschwand auf der Nachtwanderung, als das zehnte Kind, welches die Frau dem Monster im See bringen musste. Am Ende waren wieder alle zusammen am Lagerfeuer und manchmal gab es Stockbrot. Wenn die Kids dann im Zelt waren, warfen wir Betreuer uns Folienkartoffeln in die Glut des Feuern und blieben bis zum Ende der nebligen Nacht dort sitzen.

Mit den Geschichten wurde ich zum Helden für die Lagerkids und wenn sie älter waren und selbst Betreuer wurden, freuten sie sich Teil der neuen Geschichte zu werden. Ich hatte viel Spaß diese Geschichten zu schreiben und vorzulesen. Es war eine tolle Zeit voller Wunder und Wunden. Wir waren noch voller Träume und die Fantasie flog nur so wie die Funken ums Lagerfeuer. Heute sind wir alle erwachsen und haben uns doch viel davon bewahrt, was uns an Freiheit in der Jugend begegnete. Wir hatten so viel Inspiration und echte Helden ... und in dieser Zeit lernten wir, dass Helden keinen Umhang brauchten, sondern nur einen Zettel, einen Stift und auf dem langen Weg durch die Nacht eine Taschenlampe, die uns wie ein sicherer Schild zurück zum Lager führte.

Zu diesem Kapitel gibt es keinen eigenen Song, aber ich denke jeder von uns kann noch »Kumbaya, my Lord« vor sich hin pfeifen.

Kapitel 4

Mein Vater, Hans Albers

Welchem Jungen ist sein Vater nicht manchmal peinlich? Ja, es gibt diese Überväter, die einfach nur perfekt sind, aber die haben eh nur die anderen – man selbst hat diesen Vater, der es hinbekommt, nicht selbst in die Fettnäpfchen zu treten, sondern dich in selbige hinein zu schubsen. Zumindest fühlt man sich geschubst – Jahre später realisiert man, dass man kopfüber hineingesprungen ist, um unterzutauchen und sich im Fettnäpfchen zu verstecken – wenn er wieder peinlich war. Ja, der Wunsch, dass sich der Boden auftut und mich verschlucken sollte, diesen Wunsch hatte ich als Knirps häufiger. Warum? Weil mein Vater ein Doppelleben führte. Im Alltag war er der stolze, hart arbeitende Binnenschifffahrtskapitän mit Patenten bis in die offene See, der Mann der am Wochenende am Rand des Fußballplatzes stand und mich anschrie, die Augen auf den Ball zu richten, reinzugrätschen und zu laufen. Ich glaube, ihm war viel früher als er jemals zugegeben hatte, bewusst, dass ich von all den anderen Jungs in kurzen Hosen zu abgelenkt war, als nur auf den blöden Ball zu glotzen. Aber das ist ein anderes Thema und eher ein Grund, warum ich meinem Vater wohl auch peinlich war.

Wo waren wir? Doppelleben. Nein, ich rede nicht von Affären mit anderen Frauen. Dann müsste ich mindestens von einem Zehnfachleben sprechen, wenn ich meiner Mutter glauben sollte. »Der Kapitän hatte in jedem Hafen eine andere.« Eine Seefahrerlegende wie aus einem tragisch komischen Stück des Ohnsorg-Theaters. Das Doppelleben spielte aber zunächst direkt im eigenen Heimathafen. Einmal im Jahr gab es einen Heimaturlaub – einen Besuch in dem Dorf, aus dem mein Vater kam – Erlach am Main. Für mich, dem modernen Groß-dorfkind vom Niederrhein mit meinen Masters of the Universe Figuren und Queen im Walkman, war dieser Besuch immer eine Art Zeitreise. Dieses Schifferdorf, das da irgendwo ver-schlungen hinter den sieben Bergen, sieben Meilen rechts neben dem Wirtshaus im Spessart, ganz tief hinterm Wald und Mond lag, war einfach für mich gefühlt in der Zeit zurück. Ich habe es geliebt – es war einfach ursprünglich und ehrlich, ich war nur mit anderen Kindern im Wald oder am Main unterwegs, es roch immer nach Feuerholz und Freiheit. Im Keller meines Onkels standen diese großen Fässer mit kaltem Apfelsaft – der sich als Most herausstellen sollte, was ihn nicht weniger köst-lich, aber umso berauschender machte. Hier machte jeder noch alles selbst, den Most, das Feuerholz, das Essen – es gab nur einen Einkaufsladen, der insgesamt so groß war wie der Kas-senbereich unseres Supermarktes in Moers. Die alte Dorfschule war verlassen und verwunschen – ein richtiges Gruselhaus und Schauplatz so mancher Mutprobe, denn immerhin wohnte der Geist des alten Rektors noch in den zugewachsenen Gemäuern.

Ich könnte euch ewig von diesem kleinen tollen Dorf erzählen, doch dieses Dorf war eben auch der Schauplatz des Doppel-lebens meines Vaters. Immer eine Woche bevor der Urlaub in Erlach begann, verschwand mein Vater und ein fremder Mann stand in unserem Flur am Telefonbänkchen, um unser Eintreffen per Fernsprecher bei den Verwandten anzukündigen. Wer war dieser Mann, der aussah wie mein Vater, der kräftige Seebär, aber mit fremden Zungen sprach? Ich stand fasziniert im Flur und lauschte den Worten die er in den Hörer sprach, verstand aber kaum eines davon. Immer in der Woche vor unserer Abreise fiel mein Vater in seinen Dialekt aus seinem Heimatdorf zurück – Erlacher-Platt – eine Mischung aus Fränkisch/Bayrisch und Außerirdisch – so klang es für mich als Kind. Damals gab es noch keine Navi, die einem bei Stau alternative Routen vorschlagen konnte und so reisten wir wie alle Familien, die Staus vermeiden wollten, einfach nachts. Ich brauchte mir keinen Wecker zu stellen, ich wurde automatisch wach, wenn der Geruch von frischem Kaffee und gebratenen Spiegeleiern aus der Küche in mein Zimmer gekrochen kam – dann war es kurz vor 3 Uhr morgens und kurz vor Aufbruch zu unserer Reise und die Eibrötchen waren der beste Teil daran. Dieses Jahr war es allerdings nicht einfach nur so ein Heimatbesuch, sondern Jubiläums-Schifferfest – ja, mein Vater war Schiffer mit Leib und Seele und natürlich im Schifferverein seines Heimatortes – den Ort, den er früh verlassen musste und der mir so den Leitspruch meiner Kindheit und Jugend schenkte: »Ich bin mit vierzehn Jahren von Zuhause weggegangen und kam als Kapitän wieder, was ist dein Weg mein Sohn?«

Ja, es hatte den Anschein als würde mein Vater mich früh aus dem Haus werfen wollen, nur dass in den frühen 90ern niemand mehr einfach so sein Dorf verlässt um als Kapitän wiederzukehren, zumal ich ja andere Pläne hatte – auf einer Bühne stehen, singen, Geschichten aufschreiben und sie erzählen – huch, hat ja geklappt... Als wir in Erlach ankamen, war alles wunderbar geschmückt, aus den Fenstern winkten

Fähnchen, der Festplatz am Main mit dem Schiffermast war auf Hochglanz poliert und alle hatten ihre Festtagskleidung an – die Männer vom Schifferverein eben ihre Uniform und ihr Kapitänsmützen. Das Fest begann mit einem Umzug, mit Uff-Taa-Taa-Musik und endete im Festzelt und da passierte es. Nach einigen Bieren und Tanzeinlagen aller Beteiligten vor der Livemusik-Kapelle, kam jemand zu meinem Vater, flüsterte ihm ins Ohr und nahm ihn mit zur Bühne.

Ich fragte mich was nun passieren würde und bekam direkt eine Antwort serviert – das besagte Doppelleben. Jemand kam zu mir klopfte auf meine Schulter und sagte: »Das macht er immer und er ist der Beste!« Dann sah ich wie mein Vater seine Kapitänsmütze schief setze, einen großen Schluck Bier trank und mit der aufspielenden Kapelle zusammen »La Paloma« anstimmte, in der perfekten betrunkenen Stimmlage von Hans Albers. Es folgten noch »Nimm mich mit, Kapitän, auf die Reise.«, »Auf der Reeperbahn nachts um halb 1.« und weitere Klassiker. »Wie peinlich!« aus der Sicht eines 10-Jährigen. Ich wollte meinen Vater zurück, nicht diesen Typen, der mir gerade zuzwinkerte, Seemannslieder sang und Außerirdisch sprach. Mein Vater und ich, wir waren uns nie über meinen Weg einig, bis zuletzt. Aber irgendwie sind wir doch auf gleichen Pfaden gewandert, nur dass ich mit allen Mitteln auf diesem Pfad bleiben wollte, was in der Jugend meines Vaters keine Alternative zu Job und Familie gewesen ist. 2005 legte sein Schiff ein letztes Mal ab und er begab sich auf seine letzte Überfahrt. Ich war in den letzten Stunden nicht da, sondern gerade mit einer neuen Single auf Radiotour durch die Schweiz, als mich der Anruf erreichte. Wenige Wochen zuvor tauschte er zum ersten Mal seinen Satz: »Ich bin mit vierzehn Jahren von Zuhause weggegangen und kam als Kapitän wieder, was ist dein Weg mein

Sohn?« gegen »Das ist Dein Weg, Du wirst ihn schon gehen. Ich kann Dich nicht aufhalten, pass nur auf dich auf da draußen« aus. Dafür brauchten wir 25 Jahre und unzählige Streits.

Als Sohn eines Schifffahrtskapitäns bin ich mit vielen Geschichten und Mythen aufgewachsen. Man muss immer Münzen in der Tasche haben, um den Fährmann zu bezahlen, war nur eine davon. Es hieß, immer wenn jemand stirbt, dann legt er ab – zu neuen Ufern – er macht die Leinen los und fährt einem anderen Abenteuer entgegen. Als mein Vater starb, da war ich musikalisch noch sehr unreif, erst zehn Jahre danach konnte ich, bewegt durch den Verlust meines Ziehvaters, die richtigen Worte finden und sie in Musik betten. Somit ist dieses Lied beiden gewidmet – Papa und Wolfgang – aber eben als Aufbruch, nicht als Ende.

… und wenn der Wind richtig steht, dann werden wir vielleicht irgendwann noch mal gemeinsam dem Horizont entgegen segeln.

Ein besonderer Dank gilt meinem Mann Benedikt. Er saß an einem Abend mit der Gitarre zuhause und spielte die Akkorde, die den Grundstein für diesen Song legten. Sofort hatte ich den Refrain für den Song im Ohr.

Leinen los

Text: Leinen los – 2014

Strophe:
Ich kann von hier aus den Himmel schon sehen,
sind meine Augen auch blind.
Spürst du denn nicht in deinen Haaren den Wind –
und dass wir am Ziel der Reise sind?

Bridge:
Nur noch ein kleines Stück – nur noch ein wenig,
es ist nicht mehr weit.
Jetzt nur noch atmen – die Brust stolz und breit –
es ist an der Zeit.

Refrain:
Leinen los, Kapitän,
ich kann die Wellen nun schmecken,
den Horizont sehen.
Leinen los, Kapitän,
leg das Schiff in den Wind,
bis wir den Klippen entfliehen.

Leinen los, Leinen los,
Leinen los, Leinen los.

Strophe:
Ich würd' mit dir gern den Morgen noch sehen,
doch halte ich dich nicht auf.
Ich weiß, der Weg war so steinig und lang –
dieses Lebwohl – hat einen eisigen Klang.

Bridge:
Nur noch ein kleines Stück – nur noch ein wenig,
es ist nicht mehr weit.
Jetzt nur noch atmen –
die Brust stolz und breit,
es ist an der Zeit ... an der Zeit.

Refrain:
Leinen los, Kapitän,
ich kann die Wellen nun schmecken,
den Horizont sehen.
Leinen los, Kapitän,
leg das Schiff in den Wind,
bis wir den Klippen entfliehen.
Leinen los, Leinen los.
Leinen los, Leinen los.

B-Teil:
Und wenn der Wind die See aufpeitscht,
hab keine Angst, ich halte dich, fürchte nichts.
Und wenn der Wind die See aufpeitscht,
befürchte nichts, ich halte dich, hier brennt ein Licht für Dich.

Refrain:
Leinen los, Kapitän,
ich kann die Wellen nun schmecken,
den Horizont sehen.
Leinen los, Kapitän,
leg das Schiff in den Wind,
bis wir den Klippen entfliehen.
Leinen los, Leinen los,
Leinen los, Leinen los

C–Teil:
Und wenn der Sturm das Schiff zerbricht,
dann verspreche ich –
ich finde dich und bringe dich an Land.
Und wenn der Sturm das Schiff zerbricht,
dann verspreche ich –
ich finde dich –
ich lass dich nicht allein,
Leinen los.

Kapitel 5

Freiheit für 21,5 Stunden

Ich ziehe viel Inspiration aus alltäglichen Dingen. Dinge die mich in Gedanken abtauchen lassen und die sich dann zu Erinnerungen oder neuen Geschichten verdichten. So ist es auch gerade wieder passiert. Nachdem ich gerade nach dem Rasenmähen alles aus dem Garten für die Überwinterung in den Keller schaffte, fiel er mir in die Hand. Er sah nicht mehr so Bedeutungsschwanger aus wie damals als ich ihn zum ersten Mal in Händen hielt, ihn aus seiner Schutzhülle befreite und jeden seiner Winkel untersuchte. Eigentlich sah er eher jämmerlich aus, hatte Löcher und die Lagerung im Keller hatte seinem einst so stolz leuchtenden Blau eine dicke graue Staubschicht beschert, die sich auch nicht durch energisches Pusten entfernen ließ. Irgendwie roch er auch nicht mehr nach Freiheit, eher nach Motte im gehobenen Alter. Wovon ich rede? Von diesem wahnsinnig genialen und ach so multifunktionellen Trekking-Rucksack aus den End-90ern oder frühen 2000ern. Diese Teile mit den unzähligen Fächern, Zugbändern, Flaschenhaltern, externen Haltegurten für Schlafsäcke und dem scheinbar nie enden wollenden Stauraum des Kofferraumes einer Mittelklasse-Limousine.

Und schon schwelgte ich in Erinnerungen, die ich gerne mit euch teile:

Es war einmal, ein Junge auf einer Mission, auf dem Weg in die Freiheit - ihr wisst schon, diese Freiheit aus den alten Fernsehspots, die mit den unrasierten jungen Männern und gebatikten Frauen, die einfach mit der Sonne ziehen und am Abend unter unfassbar funkelnden Sternen ein gut gekühltes Getränk in den unendlichen Weiten der Freiheit, wahlweise in einer Sandwüste oder auf einem einsam durch die Wellen schwankenden Holzbötchen trinken (wie auch immer die noch eine Kühltruhe in diesem Rucksack untergebracht hatten) – genau diese Freiheit hörte ich rufen, als ich unrasiert, weil damals kein nennenswerter Bartwuchs vorhanden, mit diesem Rucksack in der Hand in meinem Kinderzimmer stand. Ich hatte alles – diesen Rucksack, das Zelt, die paar Kröten für den Sixpack Bier, die ewig haltbaren Milchbrötchen, die Eltern, die mich dazu trieben, dem Ruf der Freiheit folgen zu wollen und ihn, den einen Freund, der diesen Ruf nach Freiheit bedingungslos mit mir teilen würde. Was ich nicht hatte? Die freie Festnetzleitung! Meine Mutter telefonierte mit irgendeiner Freundin und so tippelte ich eine halbe Stunde nervös in meinem Zimmer auf und ab, bis sie endlich fertig war mit ihrem Moerser-Mittagsblatt-Update-Telefonat. Natürlich hatte ich auch ein Handy, aber damals war es einfach viel zu teuer um es für mehr als eine Runde Snake zu benutzen. Ich zog also die Schnur des popelgrünen Telefons um die Ecke in mein Zimmer, verschloss die Tür und wählte seine Nummer. »Ich hab ihn! Den Rucksack mit dem man losziehen kann, wochenlang frei und unabhängig irgendwo überleben kann. Packen wir ihn und hauen ab?« Die Stimme am anderen Ende der Leitung sagte »Ja!« und es war beschlossene Sache – wir würden frei sein.

Es war kurz nach Rosenkohl und Schnitzel bei uns zuhause – also ca. 14:30 Uhr – wir packten den Rucksack mit allem was man so brauchte – das war damals nicht viel und ich glaube wir wären auch einfach nur mit dem leeren Rucksack losgezogen, denn immerhin war er ja das Symbol der Selbstbestimmung – und machten uns auf den Weg. Wir rannten die Treppen hinunter, schlossen die Haustüre zu und blieben nach drei Schritten im Vorgarten stehen. »Und jetzt? Wo lang?« Gute Frage – die Freiheit war kein auf einer Karte eingetragener Ort und eine Wüste war mir in der Umgebung von Moers jetzt auch nicht bekannt. Also erstmal zur Tankstelle, man brauchte ja dieses gut gekühlte Getränk. Schokoriegel, Cola und unzählige Backwaren passten ebenfalls noch in eines der gefühlt tausend Fächer des Rucksacks – damit könnte man schon eine Weile klarkommen. Und weiter ging es Richtung Freiheit. Wir verließen die Tankstelle und blieben nach drei Schritten stehen. »Und jetzt?« Verdammt, wir waren einfach planlos. Egal, dieser Rucksack war unser Kompass und zudem scheiße schwer. Also erstmal an den Bordstein vor die Tankstelle setzen und einen Schokoriegel futtern – Denkfutter. Dann fiel es mir ein: »Da in Baerl ist ein See, da können wir das Zelt für die Nacht aufschlagen – die Strecke schaffen wir heute und von dort können wir dann morgen weiterziehen.«

Gesagt, getan! Es waren so ca. 8 Kilometer Luftlinie bis zu diesem See, den ich da im Kopf hatte – das würde schon passen. Hatte ich erwähnt, wie scheiße schwer dieser Rucksack war? Wir liefen also mit unserem Schneckenhaus-Rucksack im Schneckentempo in den Sonnenuntergang. Wir konnten beim Laufen der Sonne beim Untergang zusehen und dabei fiel mir das erste Teil ein, welches ich vergessen hatte – die Taschenlampe. Die Sonne war schon längst untergegangen, als wir endlich in die Nähe des Sees kamen. Wir kämpften uns durchs Gebüsch, stolperten über die Wiese und fanden eine sandige Bucht. Das war sie – das war unsere Wüste – die erste Station Freiheit. Wir warfen den Rucksack ins Gras, ich führte einen kurzen Freudentanz im Sand auf und dann widmeten wir uns dem nicht mehr ganz so kühlen Getränk, unter nicht ganz so unfassbar funkelnden Sternen. Eigentlich waren da keine Sterne, es war total bewölkt und irgendwie fühlte es auch nicht so rebellisch an, mit der warmen Plörre und dem Milchbrötchen in der Hand. Vollkommen gleichgültig, wir hatten es getan. Wir waren losgezogen und sind ohne ein Lebwohl mit der Sonne gezogen. Doch jetzt war es Zeit fürs Bett, es wurde nämlich echt kühl da am See, in unserer persönlichen Sandwüste. Also ran an den Rucksack und das Zelt aus dem mittleren Fach gezogen und schwupps, da war das zweite fehlende Teil nach der Taschenlampe – die Heringe. Ach was soll es – wir waren wild – also zogen wir los und brachen Äste ab, um sie als Ersatzhering in den doch recht harten Boden zu stecken. Natürlich kratze sich der dicke Junge, also ich, bei dem Versuch die Handinnenfläche auf – Brötchenverpackung drumgewickelt und weiter – das Nachtlager stand – windschief in mittlerweile nahezu windstiller Nacht. Wir verkrochen uns nach der letzten warmen Plörre in unsere, im externen Halter des Rucksacks transportierten Schlafsäcke und schliefen ein.

Der Wind musste in der Nacht zurückgekommen sein und hatte die nicht wirklich tief im harten Boden steckenden Ersatzheringe herausgeweht – so erwachten wir also wie eingeschweißte Milchbrötchen in unserem Zelt aka Dackelgarage. Wir krabbelten in den Morgen und es war herrlich frisch in unserer Bucht. Also der Morgen war frisch – wir jetzt eher weniger – fehlendes Teil Nummer Drei – das Deo. Die Sonne hatte sich gerade über dem Wasser erhoben und war nicht alleine gekommen. Wir hatten unser Zelt mitten in einer Schwanenbucht aufgebaut. Mutti- und Papi-Schwan waren nicht erfreut über unser Nest in ihrem Nest. »Oh schau mal, Schwäne. Wie toll!« hörte ich mich noch rufen und war bereit unsere letzten Backwaren mit den eleganten Tieren zu teilen. Das laute Kreischen und die aufgestellten Federn verhießen nichts Gutes und ließen keine Möglichkeit der freiheitlichen Verbrüderung zu – mit rasendem Tempo kam das Familienoberhaupt auf unseren Lagerplatz zu geschwommen und die Schreie wurden lauter – vielleicht war es keine gute Idee die junge Schwanfamilie einfach so mit unserer Anwesenheit zu erfreuen. Wir packten alles so schnell wie möglich in den Rucksack und verschwanden – kein Blick zurück auf unsere Sandwüste.

An der Straße angekommen kehrten wir zu unseren Ausgangsfragen zurück »Und jetzt? Wo lang?« Wir schauten uns an und stellten fest wie bitter der Nachgeschmack der vermeintlichen Freiheit ist. Wir hatten Rückenschmerzen, da wir auf einer Wurzel gepennt hatten und weil dieser Rucksack einfach scheiße schwer war (hatte ich das schon erwähnt?) – wir stanken wie Schweine nach einem ausgiebigen Bad im Schlamm, die Schwäne hatten die letzten Backwaren auf unserer Flucht erobert, es war auch kein kühles Getränk mehr vorhanden, um den Motor der Freiheit erneut anzuwerfen und außerdem fiel mir keine weitere Sandwüste in fußläufiger Umgebung ein. »Und nun?« Nun ja, wir hatten alles in unserer Macht liegende gegeben und sind dem Ruf der Freiheit gefolgt – es wurde Zeit meinen Vater anzurufen, damit er uns abholt – zurücklaufen war keine Option, das wäre ja, als würde man den Weg der Freiheit im Rückwärtsgang beschreiten und seinem Versagen ins fies grinsende Gesicht schauen – außerdem taten uns die

Füße weh und wir hatten Hunger. Wir schleppten uns also noch unter die Autobahnbrücke zwischen Baerl und Moers und legten uns an den Straßenrand um auf die Rettung zu warten. Kurze Zeit später fuhr mein Vater vor und wir luden alles in den Kofferraum und ließen uns auf die Rückbank fallen.

»Und? Wie war euer Wochenende? Habt ihr was Tolles erlebt?« Ja, das hatten wir – wir sind der Sonne entgegen gegangen, tanzten in unserer eigenen Sandwüste und tranken unter den Sternen ein gut gekühltes Getränk. Den Part mit den Schwänen, die uns vermöbeln wollten, sparten wir aus. Was bleibt? Wir waren frei – Freiheit für 21,5 Stunden und die würde uns niemand mehr nehmen können – auch nicht die Schwäne. Den Mutigen gehört die Welt und unser Schatten erinnert uns immer daran, wer wir mal waren.

Danke an Daniel – an diesen einen Freund, der den Ruf der Freiheit damals mit mir teilte. Ich werde diesen Trip nie vergessen.

Markus Grimm, der dicke Junge aus den 90ern, mit dem tollen Rucksack.

Track 4

Der Schatten des dicken Jungen
aus den 90ern

Text: Der Schatten des dicken Jungen aus den 90ern – 2017

Strophe:
Mit dem Skateboard zur Schule –
Barfuß wieder zurück –
das war der Preis den man zahlte,
hatten andere Glück.
Wir aßen Matschbrötchen –
politisch korrekt,
die verbotenen Hefte waren im Baumhaus versteckt.

Bridge:
Was ist davon noch übrig,
was ist geblieben –
haben wir die Geister besiegt –
sie auf ewig vertrieben ...

Refrain:
Wenn die Sonne mich anlacht,
ist er immer noch da –
der Schatten des dicken Jungen aus den 90ern –
mit seiner Spange im Mund,
dem Popel in seiner Nase,
mit dem Pickelgesicht,
der Ministrantenblase.
Wenn ich hinter mich blicke,
ist er immer noch da –
der Schatten des dicken Jungen aus den 90ern –
mit seinen fettigen Haaren,
Cordhose voll Sand,
keinen Pfennig in der Tasche,
immer völlig abgebrannt.

Strophe:
Wir waren Agenten in geheimer Mission –
bei Vater, Mutter, Kind –
war keiner gerne der Sohn –
wir hatten so genug Regeln,
die galt es zu halten und Sonntags in der Kirche brav die
Hände zu falten.

Bridge:
Was ist davon noch übrig,
was ist geblieben –
haben wir die Geister besiegt –
sie auf ewig vertrieben ...

Refrain:
Wenn die Sonne mich anlacht,
ist er immer noch da –
der Schatten des dicken Jungen aus den 90ern –
mit seiner Spange im Mund,
dem Popel in seiner Nase,
mit dem Pickelgesicht,
der Ministrantenblase.
Wenn ich hinter mich blicke,
ist er immer noch da –
der Schatten des dicken Jungen aus den 90ern –
mit seinen fettigen Haaren,
Cordhose voll Sand,
keinen Pfennig in der Tasche,
immer völlig abgebrannt.

C-Teil:
Und wenn ich mich genau erinner' –
so ist es gar nicht schlimm –
dass ich dieser Junge aus den 90ern bin.
Denn wir hatten noch Helden,
trotzten jeder Gefahr –
ich wünschte dieser Mut wäre heute noch da.
Denn wenn die Sonne mich anlacht,
dann wird mir klar –
ich bin der Schatten des dicken Jungen aus den 90ern.

Refrain:
Wenn die Sonne mich anlacht,
ist er immer noch da –
der Schatten des dicken Jungen aus den 90ern –

mit seiner Spange im Mund,
dem Popel in seiner Nase,
mit dem Pickelgesicht,
der Ministrantenblase.
Wenn ich hinter mich blicke,
ist er immer noch da –
der Schatten des dicken Jungen aus den 90ern –
mit seinen fettigen Haaren,
Cordhose voll Sand,
keinen Pfennig in der Tasche,
immer völlig abgebrannt – völlig abgebrannt.

Kapitel 6

Das Leben – der Wellengang

Das Leben besteht leider nicht nur aus dem Kinderplansch-becken im Freibad. Irgendwann wechseln wir ins Sport-becken um unsere ersten Bahnen zu ziehen und dann ins Wel-lenbad. Ab da wird es wagemutig und gefährlich – spätestens im Sprungbecken auf dem 10er. So ist es eben im Leben. Im Wellenbad kann man entweder mit den Wellen treiben oder gegen den Wellengang anschwimmen. Im Sprungbecken dann gibt es zwar auch zwei Wege, aber nur einer von beiden ver-heißt dir einen Platz an der Strandbar des Lebens. Wenn man auf dem 10er steht, dann kann man entweder todesmutig hin-unterspringen und wie ein Mann sterben oder den Schwanz einkneifen und wieder zum respektablen 7,5er oder zum »Oh, dein Ernst?« 5er runterklettern.

Gut, der 3er wäre auch noch da, aber dann kann man auch direkt zurück ins Planschbecken. Ich war lange Zeit die Frak-tion 7,5er – die Legenden über aufgeplatzte Bäuche nach einem Sprung vom 10er zwangen mich zurück auf die Leiter. Aber der 7,5er war ja respektabel – erst mal. Ich glaube jedem ist bewusst, dass ich hier gerade nicht von Schwimmbädern rede, oder? Ich finde den Vergleich aber passender als das Leben einfach mit einem »Das Leben ist kein Ponyhof« abzutun. Erstens fand ich

Bibi und Tina schon immer doof und zweitens: wer will denn bitte sein ganzes Leben auf einem Ponyhof verbringen? Okay, Landluft, tolle Tiere, romantische Abende im Heu – aber da muss doch noch mehr sein. Nun gut, mit so einem Pony könnte man ja in die Weiten des Lebens reiten, aber meine erste Erinnerung an Pferde ist leider nicht die beste.

Wir waren auf einem, Überraschung, Ponyhof im Schwarzwald und ich durfte mit einem Pony geführt in den Wald. Ich war fünf Jahre alt und es war Sommer. Was klingt wie der Anfang eines kitschigen Maffay-Songs, ist leider des Dramas Beginn. Ich trug ein T-Shirt, weil es eben warm und sommerlich war und ich war ein Cowboy – wild und frei. In meiner Fantasie war das so, aber damals konnte ich ja auch noch mit der Rakete vorm Supermarkt zu den Sternen fliegen, wenn Papa 50 Pfennig in den Münzschlitz geworfen hatte. Das Pony hoppelte über den Feldweg und meine Arme hüpften auf und ab. Wie der Zufall es so wollte kam uns auf dem Waldweg Gegenverkehr entgegen. Eine Biene flog gerade auf dem Heimweg von ihrer Arbeit im Pollensammelwerk an uns vorbei und landete genau zwischen zwei auf und ab Bewegungen unter meiner Achsel. Sichtlich angepisst von der Lage beschloss sie mich genau dort zu stechen. Ich kann mich nicht mehr erinnern wie lange der Flug mit der Rakete vorm Supermarkt war, aber wie schmerzvoll dieser Stich war, daran erinnere ich mich genau. Aua! Aber wir schweifen ab.

Wobei das genau die Art ist wie ich es mag Geschichten zu erzählen. Manches wirkt weit hergeholt und doch findet sich irgendwann der Faden wieder und die Geschichte wird rund. Oder eben nicht, dann könnt ihr euch sicher sein, dass diese Geschichte von einem runden Autor geschrieben wurde, der nur die besten Absichten hatte. Entschuldigung, wir schweifen schon wieder ab. Also, das Leben bietet so manchen Wellengang und das ist auch gut so. Auf glatter See lässt es sich schlecht oder nur langsam segeln und wenn man mit der Welle nach oben geschaukelt wird dann ist die Sicht auf das nächste Ziel frei und der Horizont zum Greifen nah. Es ist nur gut wenn man jemanden hat der einen durch die Wellen begleitet. Einen Kapitän an Deck, der einem sagen kann wann es Zeit wird die Segel einzuholen oder den Anker zu lichten. Seht ihr, ihr hättet am Anfang dieses Kapitels nicht gedacht, dass wir von einer Schwimmbad-Metapher zu einer Vater und Sohn Geschichte kommen. Beides ist nah am Wasser gebaut. So ist das eben, mein Buch, meine Regeln. *grins*

In vielen der beschriebenen Stationen ist dein Vater an deiner Seite. Auch wenn du mutig und wie der König auf dem ein Meter-Brett im Sprungbecken stehst, er hat im besten Fall deine Hand gehalten und dich die drei Stufen hinaufgeführt. Er hat auch dafür gesorgt, dass deine Rakete vorm Supermarkt wieder sicher von ihrer Mondreise zurück zur Erde kommt und das Bienengift aus deiner Achsel gesaugt, bevor es zu einer allergischen Reaktion kommt. In all diesen Situationen war mein Vater an meiner Seite. Er hat mich ins Leben geführt und damit sollte seine Pflicht ja getan sein. Ab hier kann ich alleine weiter. Ich war 25 Jahre alt als mein Vater starb und ich war alles, aber nicht bereit alleine weiter zu gehen. Ich stand auf dem 10er des Lebens und dachte ich wäre bereit für den Sprung, aber wie soll man sicher im Becken landen, wenn der Kapitän nicht am Rand steht um den Rettungsring auszuwerfen und dich wieder an Land zu holen.

Man bleibt eben immer Sohn, auch wenn es einem mit Mitte zwanzig nicht so bewusst ist. Er fehlte bei so wichtigen Dingen und fehlt noch heute. Ich war gerade mit einer Single und dem Album auf Platz 1 der Charts mit meiner Castingband Nu Pagadi. Genau an der Schwelle zum Untergang.

Alle reißen sich um dich, keiner war ehrlich und keiner nahm mich noch als den Jungen wahr, der in seinem Zimmer saß, Geschichten schrieb und von der Bühne träumte. Alles war Plastik und unecht, alles so fern und nicht greifbar. So merkwürdig es auch klingt, so sehr ich ihn auch gebraucht hätte in diesen Tagen, als ich auf dem Teppich meiner Wohnung lag und die Decke langsam auf mich zukam, als die ersten Presseberichte uns in der Luft zerrissen und nichts mehr von meinen Träumen übrig war, so war ein kleiner Teil von mir froh dass er das alles nicht mehr miterleben musste. Seit der Grundschule war ich nerviges Dauerthema mit meinen Träumen. Auf der einen Seite ich: Träume von Schauspiel, Gesang, Bühne – auf der anderen Seite mein Vater: Arbeiter, der alles mit seiner Hände Arbeit erschaffen hat. Ich war stur, unbelehrbar und dramatisch schwul – ich war so sehr überzeugt davon, dass da mehr wartet als 9-17 Uhr – dass all diese Geschichten mir eine Bühne bieten würden. So ging ich den Weg weiter und weiter, stur durch die Wand oder oftmals dagegen. Und dann? Dann war da dieser Abend des Popstars-Finales. Mein Vater hatte Krebs und doch quälte er sich ins TV-Studio um die Show live mitzuerleben und dann tatsächlich seinen Sohn, den, den er immer vor dieser ungewissen Welt schützen wollte und der ihm nie zuhörte, an diesem Abend gewinnen zu sehen und sah wie ich gefeierter Popstar wurde. Nach unendlichen Stunden aus Interviews und Fototerminen nach dem Finale kamen wir ins Hotel und da wartete meine Familie. Mein Vater nahm mich in den Arm und sagte: »Das ist dein Weg, du wirst ihn schon gehen. Ich kann dich nicht aufhalten, pass nur auf dich auf da draußen.« Das größte Eingeständnis von Stolz von diesem stolzen Mann.

Und daher war es besser, dass er den Absturz nicht erleben musste. Er hätte sicher gesagt: »Hoch den Arsch und weiter.« Aber wie, wenn alle nur sagen: »Nein danke, dich hatten wir schon..« oder »Solo können wir mit dir nichts anfangen, du warst doch in einer Band.« War der Weg dorthin vergessen? War das alles nichts wert? Sollten neun Monate Castingband die 15 Jahre glauben, üben und kämpfen einfach zunichtemachen? Immer dann, wenn ich in der Vergangenheit aufgeben wollte, wenn ich den Stimmen der Neider Glauben schenkte und sie mich beinahe überzeugten, dass meine 15 Minuten Ruhm schon vergangen wären, dann dachte ich daran, was mein Vater gemacht hätte. So bin ich weiter gegangen und habe nie aufgegeben. War auch die Freude an Musik für eine sehr lange Zeit vergangen, so fing ich wieder an zu schreiben und heute, nun ja, da liest du gerade in meinem siebten Buch. Ich habe es geschafft mit treuen Partnern und starken familiären Schultern mich neu zu finden und zu erfinden, in alter Stärke – dem einfachen »Mache was du fühlst.«

Aber nicht nur die großen Dinge hätten nach einem Vater verlangt. Wie gerne hätte ich mit ihm so einfache Dinge gemacht, wie mit meinem Labrador eine gemeinsame Runde zu gehen, er hätte ihn gemocht. Er würde den ganzen Zoo mögen, den mein Mann Ben und ich heute angesammelt haben. Leider ist er nun schon so lange übers Meer und doch immer noch mein stiller Berater in vielen »was hätte mein Vater«-getan Momenten. Er würde zufrieden sein mit dem, was ich mit meiner Hände Arbeit geschaffen habe. Denn auch ein Stift wird mit der Hand gehalten. Und mit diesem Stift in der Hand hab ich das ein oder andere Lied in Gedanken an meinen Vater und das Leben geschrieben. Da er Schifffahrtskapitän war, liegt eine Bebilderung mit See-Symbolik nahe. Ihr findet auf der CD zwei Lieder, die man mit meinem Vater in Verbindung bringen kann, die aber so geschrieben sind, dass jeder sein Stück der Geschichte selbst einfügen kann. »Leinen los« aus dem »Mein Vater, Hans Albers«-Kapitel und diesen hier »Übers Meer« – eine Originalaufnahme aus einer langen Studionacht mit meinem Freund Beray.

Foto: Haniel Reederei / privat

Text: Übers Meer – 2010

Strophe:
In Tränen gefallen, um nie mehr aufzustehen.
In der Leere verloren, um die Schatten zu drehen.
Zu tief gesehen, um hier zu sein,
wo alles schläft in Zweisamkeit – du bleibst fern.

Refrain:
Und mein Herz verstummt hier neben dir,
zu leise fleht es: bleib bei mir,
zu spät – du bist schon übers Meer.
Du bist schon übers Meer.

Strophe:
In Träume geflohen, um den Tag zu verwehen.
In Ängsten gewühlt, um die Dämonen zu zähmen.
Zu weit gerannt, um nah zu sein,
dem einen Takt, der uns vereint.

Und mein Herz verstummt hier neben dir,
zu leise fleht es: bleib bei mir,
zu spät – du bist schon übers Meer.
Du bist schon übers Meer.

C-Teil:
Zu weit – zu tief –
zu kalt – zu laut – das Meer geteilt.
Kein Land gebaut auf dem ich stehen könnt.
Du bleibst ewig fort von mir und so bleibe ich.
Der Mann im Turm, der hofft auf Land in Sicht;
Der Mann im Turm, der hofft auf Land in Sicht.

Refrain:
Und mein Herz verstummt hier neben dir,
zu leise fleht es: bleib bei mir,
zu spät – du bist schon übers Meer.
Du bist schon übers Meer.
Du fehlst hier – du fehlst so sehr in mir,
du fehlst hier – du fehlst so sehr in mir
Denn du bist schon übers Meer,
ja, du bist schon übers Meer.
Du bist schon übers Meer.

Kapitel 7

Warum ich den Söhnen Mannheims mein zweites Leben als Künstler verdanke

... oder ...

Wie ein Bierdeckel alles verändern kann ...

Ja, ja, ich habe eine Castingshow gewonnen und somit bin ich mit meinen 15 Minuten Ruhm ja auch schon durch. Zu dem Thema ist alles gesagt (und mit Martin Kesici als Buch geschrieben) und auf der verbrannten Erde ist mittlerweile auch wieder eine schöne Wiese gewachsen. Nicht zuletzt, weil ich immer an einem Leitspruch festgehalten habe und heute wie damals sage, ich bin dort hingegangen um zu zeigen »Hey, ich kann singen, aber ich kann noch besser Texte schreiben!«. Der Leitspruch? Damals wie heute gilt für mich: »Wer sich nur auf Gesang verlässt, der ist verlassen.« Es gibt unzählige tolle Stimmen in unzähligen Formaten, zählbar bleibt nur die Haltbarkeit, die eben das Mindesthaltbarkeitsdatum einer Packung

Toast meist nicht überschreitet. Und dann? Dann muss man, wie vorher auch, den Mut finden, mit dem weiter zu machen was man kann und das war bei mir nun mal schon immer die Leidenschaft für das Schreiben. Bücher? Hab ich gemacht. Hat Spaß gemacht, gerade die eigene Kinderbuchreihe. Singen? Ja, endlich wieder gerne. Songtexte? Ja, absolut und heute mehr denn je. Diese Türe hat mir das Casting geöffnet und sie steht auch heute noch weit offen. Ob Songtexte für Grimm trifft Grimm, Der kleine Prinz, 33 Songtexte für Universals »Unsere besten Kinderlieder…«, Kinderalben wie »Mascha und der Bär«, gestandene Bands wie Franz K., Newcomer mit Potenzial und eben auch für und mit Richard Geppert, mit dem ich nun seit 10 Jahren künstlerisch kreativ sein kann und der auch der erste war, der mein Talent fürs Songtexten gesehen und gefördert hat. Was hat das jetzt mit den Söhnen Mannheims zu tun?

Das erkläre ich gern. Als Castingband, die gerade in den Charts weit oben steht, passiert es, wenn der Zufall es will, dass man mit großartigen Bands wie eben den Söhnen Mannheims auf einer Bühne landet. So geschehen 2005 in meiner liebsten Stadt Wien, auf dem Donauinselfest. Wir waren mit Nu Pagadi für 18 Uhr angesetzt und als Headliner des Abends waren die Söhne Mannheims angesagt. Es war einer der schönen Tage unserer Bandgeschichte, warmes Wetter, Rückkehr in die Stadt, die mir als Jugendlicher die Freiheit zeigte und dann auch noch Auftreten vor zigtausend Menschen. Der Soundcheck war beendet und ich sonnte hinter der Bühne, als die Söhne das Gelände betraten und kurze Zeit später Apfeltabak die Luft in einen perfekten Sommerabend tauchte. Wir spielten unseren Gig und danach sah ich mir vom Mischpult vor der Bühne aus den Auftritt der Söhne an. Eine Wand an Sound und Gefühl –

mehr Worte fallen mir selbst heute nicht ein, aber so fühlte sich dieser perfekte Gig an. Danach packten wir alles zusammen und gingen ins Hotel an die Bar. Kurz nach uns trafen auch die Söhne ein und dann kam es zu den Momenten die man nicht bezahlen kann, was im Kleinen und nicht auf der großen Bühne passiert. Man macht was man als Musiker so macht – Musik. Ein paar Musiker und Sänger der Söhne saßen also mit Pat und mir an der Bar. Claus Eisenmann von den Söhnen, der mir mit »Und wenn ein Lied« vom Abend noch in den Ohren lag, schnappte sich eine Gitarre und wir fingen an zu jammern. Nach ein paar Liedern stimmte er ein Lied an und sagte: »Der ist neu, dafür habe ich noch keinen Text.« und dann geschah es. Eigentlich bin ich Pat unendlich dankbar, ich hätte mich selbst nicht getraut, aber er stieß mich vom Barhocker und sagte: »Komm mach, improvisier was, du kannst das.« Claus spielte den Song, ich fing an zu singen und improvisierte auf seine Melodie einen deutschen Text. Zum Glück wurden die Worte direkt auf einem Bierdeckel festgehalten und ich schrieb eine weitere Strophe auf die Rückseite. Claus klopfte mir bestätigend auf die Schulter, ich schrieb meine Telefonnummer auf den Bierdeckel und schenkte ihm den Bierdeckel mit dem Text. Das war es, wir tranken aus, verabschiedeten uns und gingen unsere Wege.

Das Jahr zog in aller Eile ins Land und kurz vor Weihnachten klingelte mein Telefon mit einer mir unbekannten Nummer. »Hallo, Claus Eisenmann hier. Ich arbeite an einer Solo-CD und ich hätte dich gerne als Texter dabei. Richard Geppert ist mein Komponist und ihr solltet euch kennenlernen.« Richard Geppert, Komponist von Songs wie »Nicht von dieser Welt« von Xavier Naidoo und ich soll ihm Texte liefern? Nie im Leben! Oder doch? Anfang 2006 saß ich im Auto und fuhr zu einem

Treffen mit Claus und Richard. Wir verstanden uns super und direkt zurück daheim hatte ich den ersten Song im Postfach. Es sollte ein Liebeslied sein, aber kein klassisches, eher eines aus der Sicht der geliebten Person, die immer zu spät ist für die berühmten drei Worte. Also, ans Werk. Wir arbeiteten an verschiedenen Nummern, leider kam es nie zur Veröffentlichung der CD. So blieb der Song bei mir und Richard und wir nahmen eine Markus-Version davon auf. Das ist nun 12 Jahre her und in diesen 12 Jahren haben Richard und ich uns zu großartigen Freunden entwickelt. Er ist ein Freund geworden, der meine musikalische Sprache spricht, aus meinen Worten Melodien lesen kann und meine Texte in schmeichelnde Noten bettet, auch so als moralische Instanz an meiner Seite steht – der glaubt und nicht in Schubladen denkt. Wir haben ein Musical für Heidelberg zusammen umgesetzt, das vor großem Publikum an einem Stadtjubiläums-Wochenende begeistert gefeiert wurde. Seit 2 Jahren arbeiten wir nun, zusammen mit Zapo und Frank Schultz an »Freiheit, eine deutsche Rockoper« und haben am vergangenen Wochenende eine wundervolle Tryout-Premiere mit tollem Ensemble vor begeisterten Zuhörern erleben dürfen. 2018 soll, so es die Kraft des Stückes ermöglicht, die große Premiere als vollwertiges Bühnenstück stattfinden. Mit dabei, 12 Songtexte die ich für die Rockoper schreiben durfte. Was 12 Jahre alles so möglich machen. Heute schaue ich auf einen kleinen Bierdeckel zurück und bin meiner Casting-Vergangenheit, Pat und eben der Begegnung mit den Söhnen Mannheims unendlich dankbar. Danke für ein zweites künstlerisches Leben nach den 15 Minuten Ruhm.

Hier nun der erste Song, den ich mit Richard schreiben durfte: »Ich dich auch« – für euch zum Hören, nie veröffentlicht … Warum nicht? Na ja, die 15 Minuten sind ja durch und so …

Ich dich auch

Text: Ich dich auch – 2006

Strophe:
Ich hab Gedichte geschrieben,
auf duftendem Papier.
Hab Dir Rosen gesendet,
mit einem Gruß von mir.

Ich hab Dir Lieder gedichtet
und sang sie nur für dich.
Doch egal was ich tat,
Du warst viel schneller als ich.

Refrain:
Hast alle Worte schon gesagt, jeden Herzschlag erwidert,
von meinen Lippen gelesen, mit meiner Sehnsucht gefiebert.
Jeden Blitz eines Gedankens gespürt in Deinem Bauch,
mir bleibt nichts mehr zu sagen, außer: Ich Dich auch.

Strophe:
Ich hab uns Ringe gekauft,
da hattest Du sie schon graviert.
Jeden einzelnen meiner Schwüre
schon in Dein Herz kopiert.

Ich wollte Dir schon ewig sagen,
was Du mir grad gesagt,
es lag mir so oft auf der Zunge,
doch hat es sich niemals rausgewagt.

Refrain:
Hast alle Worte schon gesagt, jeden Herzschlag erwidert,
von meinen Lippen gelesen, mit meiner Sehnsucht gefiebert.
Jeden Blitz eines Gedankens gespürt in Deinem Bauch,
mir bleibt nichts mehr zu sagen, außer: Ich Dich auch.

Hast alle Worte schon gesagt, jeden Herzschlag erwidert,
von meinen Lippen gelesen, mit meiner Sehnsucht gefiebert.
Jeden Blitz eines Gedankens gespürt in Deinem Bauch,
mir bleibt nichts mehr zu sagen, außer: Ich Dich auch.

Kapitel 8

Und wenn sie nicht gestorben sind ...

Märchen enden zumeist mit der Floskel: » ... und wenn sie nicht gestorben sind, dann leben sie noch heute ...« Noch heute leben, ewig, die Zeit überdauern, was für ein großartiger Gedanke. Nicht wie ein Vampir, verschlagen in dunklen Ecken ein unwürdiges ewiges Dasein fristen, sondern in Erinnerung, glänzend bestehen. Also gar nicht physisch da sein, sondern mit dem, was man zu Lebzeiten erschaffen hat, noch heute leben. Was vielen Menschen durch ihre Kinder gelingt, die ihr Andenken ehren, dafür muss der schwule Künstler andere Wege einschlagen. Was bleibt, ist, was man als Werk ins Leben gehoben und mit der Hoffnung in die Welt gesetzt hat, dass es jemand schätzt, hört, immer mal wieder zur Hand oder ins Ohr und Herz nimmt. Das war der Gedanke, den ich beim Schreiben des Songtextes »Das Wort zur Melodie« hatte.

Der Gedanke war schon viele Jahre vor dem niederschreiben des Textes vorhanden, seit dem Moment, in dem ich den Schritt auf die Bühne gewagt hatte. Damals ging es allerdings ganz egoistisch darum, diesen Moment für mich festzuhalten, ewig lebendig zu halten, dieser Moment, wenn die letzte Note gespielt ist und man seinen rasenden Herzschlag unter dem Takt des Applauses fast aus der Brust springen fühlt. Das muss

Leben sein, so sollte es immer sein. Am nächsten Morgen war der Moment nur noch graue Erinnerung und ich stand wieder zwischen Zementsäcken im OBI Baumarkt Moers, in dem ich meine Ausbildung machte, da mein Vater, neben all den anderen Weisheiten, immer sagte: »Lern was Handfestes, denn von der durch die Arbeit schmutzigen Hand, isst es sich am besten.« Das habe ich brav befolgt, aber die Seele hat es nicht gefüttert.

Ich komme aus einer Zeit, in der viele meiner Helden gegangen sind und dann doch erst richtig da waren. Kurt Cobain, Freddie Mercury, Falco – sie sind viel zu früh gegangen und für mich mit meinen 11-17 Jahren damals war es bewundernswert, dass sie es zu Lebzeiten geschafft haben, etwas zu erschaffen, das sie so schnell nicht vergessen machen wird. Ich vergleiche mich nicht mit diesen großen Künstlern, aber mit 14 hat man halt Idole und noch den Glauben, dass man alles erreichen kann. Damals war mir nicht bewusst, dass wir in Deutschland gerade musikalisch nicht die Weltmacht sind, um solche Größen in solchen Ausmaßen und Mengen erschaffen zu können, dass da irgendwo Platz für den kleinen Sänger und Schreiberling aus Moers wäre. Und trotzdem blieb ich auf der Suche nach dem perfekten Song, dem perfekten Text, auf den ich irgendwann mit noch mehr grauen Haaren als heute zurück blicken könnte und zu wissen » ...und wenn sie nicht gestorben sind, dann leben sie noch heute.« Wir wollen eben alle etwas hinterlassen, wollen, dass Tage oder Zeiten unsere Spuren tragen. Familie, Kinder, Freunde sind das Gold der Erde und für Künstler sind eben die eigenen Werke der Ring, den sie aus diesem Gold schmieden. Das eine Album im Regal stehen zu haben, das uns mit Stolz erfüllt und man das Gefühl hat, man hat etwas erschaffen, das es Wert ist auch noch in einigen Jahren hörbar zu sein. So sollte es zumindest gehen, denke ich, nicht um kurzfristige Charterfolge, die einen nur einen kurzen Moment aufflackern lassen. Ich meine, diese Welt habe ich hinter mir und nach dem Erfolg mit Nu Pagadi war diese Antriebsfeder erst recht bis zum Anschlag gespannt. Hätte ich diese Welt nach dieser Nummer verlassen müssen, dann wäre ich nur der NAME (in Klammern) (Popstarsgewinner). Das wäre so als würde man sich nur an die Schmerzen der ersten Zahnspange erinnern und vergessen, wie man danach mit geraden Zähnen lächeln konnte.

Es gingen so viele Jahre ins Land in denen ich, egal was ich auch machte, bei jedem Zeitungsartikel immer der (Popstarsgewinner) war. Nicht, dass ich nicht stolz und dankbar auf diesen Abschnitt des Lebens wäre, immerhin hab ich über 30.000 Kandidaten hinter mir gelassen und es in diese Band geschafft. Habe Gold im Homestudio hängen und viele wahnsinnige Erinnerungen an eine verrückte fliegende Zeit, die mir so viele Türen öffnete und schloss, wie man es sich so sonst in Deutschland gar nicht erarbeiten kann. Aber ich war vorher etwas und danach erst recht, und dieses Etwas sollte überdauern. Nicht der Typ im Pelz der mal nen Hit hatte und eben (Popstarsgewinner) war. Ich schrieb also Bücher, wie ich es in meinem Kinderzimmer schon tat, aber über Anfang und Ende nie eine Mitte für den erdachten Stoff fand. Diesmal brachte ich es zu Ende und es wurden mehrere Bücher. Ja, wir lieferten mit »Sex, Drugs und Castingshows« natürlich ein Werk, welches die Klammer hinterm Namen festigte, aber was gesagt werden musste, musste gesagt werden. Dadurch wurde mir erst wirklich bewusst, wie weit der Ozean ist, den ich durchqueren muss, um mich freizuschwimmen. »Markus Grimm (Popstarsgewinner) schreibt jetzt Kinderbücher« wurde getitelt als mein erstes »Fleckie«-Buch erschien. »Popstarsgewinner spricht Hörspiele«, »Popstarsgewinner schreibt Musical für Heidelberg«, »Popstarsgewinner .... hier ... Popstarsgewinner da ... und dann? Markus Grimm (Autor und Künstler). Stand da wirklich (in Klammern) Autor und Künstler? Ja, stand es. Nach unzähligen Veröffentlichungen und Songtexten für befreundete Künstler, war ich endlich wieder ich. Zunächst bei der »Grimm trifft Grimm«-CD – da war der Künstler und Autor Markus Grimm als Sänger genannt, bei »Der kleine Prinz« war der Songtexter Markus Grimm im Artikel genannt und der Künstler und Autor war auch 2016 für über 40 Songtexte für Kindermusik zuständig. Das war mein persönliches kleines »und wenn sie nicht gestorben sind...« Jetzt war es also endlich so weit, wieder eigene Spuren zu hinterlassen. Als Songtexter war ich plötzlich gefragt und durfte an tollen Projekten mitarbeiten. Sogar eine Rockoper durfte ich mit meinen Songtexten beliefern, von einem komponiert, der hinter meinem Namen nie die Klammer sah, sondern immer den Künstler, der etwas zu sagen hat. Richard Geppert, der mir beim Drachentöten im Märchenwald der Musik sehr zur Seite stand (siehe »Warum ich den Söhnen Mannheims mein zweites Leben als Künstler verdanke«).

Was also immer geblieben ist, ist der Wunsch, etwas zu teilen, das andere verstehen; sich zu einem Stück selbst darin erkennen, wiederfinden und man darüber ins Gespräch kommt. Vielleicht entsteht dieses gerade, eben durch die »Märchen, die das Leben schrieb«. Vielleicht ist es das Liederalbum zu »Grimm trifft Grimm«, zu denen der (Autor) wieder die Songtexte schreiben darf und die ich auch mit meinem Grimm Bruder singen darf oder eines der anderen Projekte, die mich nachts nicht schlafen lassen und an ein leeres Blatt Papier treiben um die Gedanken aufzuschreiben, bevor die Nacht sie fressen kann. Ich baue weiter Häuser aus Ideen, finde und suche mich in alten Tagen, schaue voller Spannung auf die Tage die kommen und hoffe, dass ich es finde: »Das Lied, das nie verklingt und immer wieder jemand singt.« Und der Satz hat ja auch eine andere Bedeutung: »Wenn sie nicht gestorben sind, dann leben sie noch heute...« bedeutet ja, sie haben immer noch Zeit, das Abenteuer ihres Lebens zu erleben, von dem man noch in Jahren spricht.

Ihr Markus Grimm (Popstarsgewinner/Autor/Künstler)

Das Wort zur Melodie

Text: Das Wort zur Melodie – 2017

Strophe:
Wir haben alles versucht, um uns selbst zu vergessen.
Haben Häuser gebaut und davon keinen Stein besessen.
Haben geschworen wir selbst zu sein,
in all den fremden Kleidern.
Falsche Schwüre ohne Sehnsucht,
brannten Narben auf die Leiber.

Bridge:
Doch wir rudern nicht zurück,
wir kämpfen noch gegen den Strom,
suchen nur nach seichtem Wasser,
um uns kurz mal auszuruhen.

Refrain:
Wir sind das Lied, das nie verklingt,
das immer wieder jemand singt,
wenn Zärtlichkeit die Welt berührt,
mit sanftem Takt zum Tanz verführt.

Wir sind der Ton, der manchmal schief,
die Symphonie, die in uns schlief.
Wir sind das Wort zur Melodie,
das leise sagt – vergiss mich nie.

Strophe:
Wir haben die Suche aufgegeben,
fanden uns in alten Tagen,
die wir beinahe vergaßen und die doch unsere Spuren tragen.
Haben geschworen uns nie zu täuschen
und uns vor der Welt verbogen.
Zufriedenheit im Standard – wahrlich – wir haben gelogen.

Bridge:
Dieses Leben voller Zweifel,
es war doch niemals unser Ziel,
es geht um alles was bestehen bleibt,
wenn der letzte Vorhang fiel.

Refrain:
Wir sind das Lied, das nie verklingt,
das immer wieder jemand singt,
wenn Zärtlichkeit die Welt berührt,
mit sanftem Takt zum Tanz verführt.
Wir sind der Ton, der manchmal schief,
die Symphonie, die in uns schlief.
Wir sind das Wort zur Melodie,
das leise sagt – vergiss mich nie.

Kapitel 9

Grimm trifft Grimm und andere Volltreffer ...

Das Leben schreibt die schönsten Märchen. Das war auch ein Grund dieses Buch zu schreiben, denn mit dem Nachnamen scheint es ja vorprogrammiert, dass das Leben einem keine Zitronen, aber den ein oder anderen vergifteten Apfel reicht. Aber manchmal sind auch süße Früchte dabei und so beginnt einer der wichtigsten Reiseabschnitte mit einer Erdbeere in der Hand.

Ich war über eine Agentur als Gastsänger für ein Jubiläumskonzert der Band »Halber Liter« in Meerbusch gebucht. Ich hatte die Band selbst schon mal in meiner Heimatstadt spielen gehört und wusste, dass es musikalisch eine erfahrene und mit saumäßig viel Bock spielende Coverband war, die eine sehr erfahrene Besetzung hatte. Namen der Bandmitglieder waren mir da noch nicht bekannt. Ich fuhr im Kreuz Meerbusch von der A57 runter und meine Navi verabschiedete sich. Da stand ich nun also, irgendwo in Meerbusch – kein Meer, kein Busch weit und breit und erst recht kein Route 66 zu sehen – der Laden in dem der Gig steigen sollte. Also durchfragen und auf ein Happy End hoffen.

Da ich Notlagen am besten mit Essen überwinden kann, hielt ich an einem Erdbeerstand am Straßenrand, um nach dem Weg zu fragen. Okay gut, auch um mir Erdbeeren zu holen, immerhin keine Frustschokolade. Die nette Dame konnte mir den Weg erklären und kurze Zeit später stand ich mit von Erdbeeren klebrigen Händen vorm Route 66. Ein American Diner mitten in Meerbusch. Der Laden war riesig und die Speisekarte gefiel mir direkt. Burger und Rippchen – heilige Knusperhexe. Ich ging über die Bühne in den Backstage Bereich um mich anzumelden und da stand er. Zerzauste Haare, leichtes Pocke und Cordhose – der Sänger der Band »Halber Liter« – ich wischte mir die Erdbeerhände noch schnell an der Hose ab und reichte ihm die Hand: »Guten Tag, Grimm« und er sagte: »Ja, guten Tag und wie heißen sie?« Ich war verwirrt. Ich hatte mich doch gerade vorgestellt. »Na, Grimm, Markus Grimm!« Schob ich mit hochgezogener Augenbraue nach. Mit einem Ausbruch an Sauerländer Freude erwiderte er: »Nääää, das gibbet doch garnicht. Ich auch!« Wie jetzt, er heißt Markus Grimm? Krass! »Michael Grimm, mein Name ist Michael Grimm.« Da war es geschehen; Grimm trifft Grimm.

Wir spielten am Abend das Konzert vor ausverkauftem Haus. Ein wahnsinnig gutes Gefühl, endlich mal wieder mit einer echten Band und treibendem Sound im Rücken fast von der Bühne geschoben zu werden. Nach dem Gig tauschten wir unsere Nummern aus, ich nahm noch eine leckere Frikadelle und wir verabschiedeten uns. Das ganze fand 2006 statt und es sollten noch sechs Jahre vergehen bis unsere Geschichte erzählt werden sollte.

Wenn man dem Niederrheiner nachsagt, er wäre behäbig und gemütlich, dann ist der Sauerländer die Steigerung des

Niederrheiners. Warum? Das erklär ich gleich. Zuhause informierte ich mich, was Michael Grimm so treibt und war überrascht, in welchen Bands er gespielt hatte. Basser bei Extrabreit und im ganzen Musikzirkus immer mit der Nase dabei, aber hauptsächlich mit seinem Partner Stefan Breuer als KiCo Media im Kindermusikbereich unterwegs. Peterson und Findus, Lauras Stern, Barbie – alles Werke, zu denen die beiden die Musik beisteuerten. Michael und ich begegneten uns immer mal wieder in den folgenden Jahren und ich sang ab und an mal ein zwei Songs mit, wenn die Jungs in der Nähe waren. 2009 veröffentlichte ich dann zunächst das Buch »Sex, Drugs und Castingshows« mit meinem Freund und ebenfalls Gewinner/Verlierer einer solchen Show, um dann über einen Zufall mein erstes Kinderbuch zu veröffentlichen.

Auf dem Weg nach Köln sah ich einen Marienkäfer auf meinem Armaturenbrett. In Gedanken versunken kam ich zu der Überlegung, was der arme Kerl wohl macht wenn er in Köln ankommt. Er kommt ja aus Moers und Köln ist 90 Kilometer entfernt, er kennt ja dort niemanden und die Strecke dürfte sehr weit sein, um einfach so zurückzufliegen. In diesem Moment klingelte mein Telefon und unser Verlagsbetreuer war in der Leitung. Wie der Zufall es so wollte erzählte ich ihm von dem Marienkäfer und er fand die Idee spannend. »Warum schreibst Du als Grimm nicht eigene Märchen? Mach doch was daraus!« Hmm, nun gut, warum eigentlich nicht? So entstand mein erstes Kinderbuch »Fleckies Reise«. Kleiner Einblick? Gerne:

»Habt ihr schon mal überlegt, ob ein kleiner Marienkäfer aus eigener Kraft von hier nach Frankreich fliegen könnte? Nein? Denkt mal darüber nach. Mit vielen Pausen wäre es vielleicht möglich. Aber warum sollte ein Marienkäfer eine solche Reise freiwillig auf sich nehmen? Um sich Punkte zu verdienen? Um die Welt zu sehen? Wer weiß das schon...

Der kleine Fleckie hat sich darüber auch noch nie Gedanken gemacht. Er ist ja auch gerade erst ein Jahr alt, und in seiner Welt dreht sich alles nur darum, mit seinen Freunden durchs Gras zu tollen und sich die Zeit in seiner Heimat, der Raststätte Faltental, zu vertreiben.

Fleckie ist eben so ein Marienkäfer. Fliegen fällt ihm nicht schwer, aber große Weiten sind nicht möglich. Warum auch? Er ist in seiner kleinen Welt sehr glücklich.

Eines Tages sollte sich alles ändern, doch lasst uns da anfangen, wo die Reise beginnt ...«

Das Buch war gerade in Druck als Martin Kesici und ich auf Lesetour mit unserem Castingbuch waren. Es war später Abend und wir waren nach einer erfolgreichen Lesung in einem Club feiern. Da ich nicht wirklich viel vertrage und Martin meinen Alkohol-Schwachpunkt kannte, war ich gut bedient. Mein Schwachpunkt war das irische Bier Kilkenny. Konnte ich unendlich viele Cocktails trinken, so vertrug ich nur zwei Kilkenny und tanzte auf den Tischen. Wir waren gerade bei anderthalb angelangt als ich einen verpassten Anruf auf meiner Mailbox entdeckte. »Das Buch ist aus dem Druck zurück und sieht super aus!«, freute sich mein Verleger auf der Sprachbox. In meinem Kilkenny-Zustand rief ich zurück und erreichte ebenfalls nur die Mailbox. So lallte ich ihm eine Nachricht auf Band.

Am andern Morgen bekam ich einen Rückruf. »Das ist eine super Idee, wir machen ein Kinderkochbuch!« Bitte was? Ein Kinderkochbuch? Warum? Nun ja, Mr. Kilkenny, also ich, dachte, ich hätte »Find ich super mit Fleckies Reise.« auf die Mailbox gesprochen, angekommen war allerdings: »Finn isch subba mit Fleckies Speise ...« Okay, das erste war noch nicht erschienen und wir arbeiteten an einem Kinderkochbuch. Warum auch nicht. Ich telefonierte meine Kontakte im Telefon durch und erreichte um ein paar Ecken viele Leute. Christian Rach lieferte ein Fischstäbchen Rezept, Martin Nudeln mit Joghurt und über eine Bekannte kam ein tolles Rezept von Queen Gitarrist Brian May. Ich schrieb Geschichten rund um die Rezepte und fertig war die »Schnaps- ähm Kilkenny-Idee«. Im weiteren Verlauf meiner Kinderbuchautoren-Karriere folgte noch der zweite reguläre Band »Fleckies Zirkus« und somit hatte ich drei schöne Kinderbücher veröffentlicht. Was hat das jetzt mit Michael Grimm und dem gemütlichen Sauer-länder zu tun?

Ich wusste ja durch meine Besuche bei Michael und Stefan im Studio von all den Gold- und Platin- Schallplatten an ihrer Studiowand. Einige davon waren, eben, für Hörspiele. Was würde also näher liegen als aus meinen Kinderbüchern im nächsten Schritt Hörspiele zu machen? Passt oder? Bei dem nächsten Konzert auf dem wir uns trafen, drückte ich Michael meine Bücher in die Hand und sagte: »Schau dir die doch mal an, vielleicht hat Universal ja Bock und wir machen Hörspiele daraus.« Und dann kam die Gemütlichkeit ins Spiel. Bei jedem Konzert danach fragte ich, wie er die Bücher findet. Er hatte sie noch nicht gelesen. »Ich mach das noch, ich muss mich drauf einlassen.« Gut okay, er war halt viel unterwegs und die Bücher hatten ja auch ein paar Seiten, aber auch Bilder. Also sooo lange kann das doch nicht dauern. Es dauerte fast ein dreiviertel Jahr. Okay ich gebe zu, es geht eher um die Niederrheinische Ungeduld, als um die Sauerländer Gemütlichkeit – aber es kommt halt immer auf den Standpunkt an.

An einem Abend im Herbst 2010 klingelte mein Telefon und Michael war dran. »Ich hab die Bücher gelesen. Wirklich tolle Sachen. Ich hab das mal bei Universal vorgeschlagen.« Und wie es in Märchen eben so ist, dauerte es noch ein halbes Jahr und dann wurde dieses Märchen wirklich wahr. Ich durfte ins Studio und meine Kinderbücher als Hörspiel einsprechen. Wir arbeiteten für jeden Charakter eine eigene Stimme aus und es war eine unglaublich tolle Erfahrung. Stefan und Michael lieferten noch Musik und tolle Sound-Atmosphäre dazu und fertig waren die HörSpielBücher zu meinen Kinderbüchern. 2011 wurden die CDs dann veröffentlicht und ich war froh über die erste Zusammenarbeit mit Michael.

Es fühlte sich gut an und in der Presse war die Rede von »eigenen Märchen« und »märchenhafte Geschichten« – damit war ich also aus dem Schatten der Brüder Grimm getreten, die mich seit der Schulzeit begleiteten und mich immer wieder in die »Grimm spielt Grimm«-Schubladen schubsten. Doch 2012 sollte eine viel größere Reise beginnen, als sie sich Fleckie jemals hätte erträumen können. Wie es der Zufall so wollte, jährte sich das Erscheinen der Märchen der Brüder Grimm im Jahre 2012 zum 200. Mal und da Universal durch die Hörspiele mitbekommen hatte, dass da zwei Grimms im Studio zusammen werkelten, kam eine naheliegende Idee auf den Tisch: »Wollt ihr beiden Grimms nicht eine CD zum 200. Jubiläum aufnehmen?«

84

Puh, da war er wieder, der Schatten, größer und dunkler als er jemals hinter dem Vorhang einer Schulbühne auf mich gelauert hatte. Eine CD mit den Märchen der Brüder Grimm? Das wäre ja so als würde der Sohn von Wolfgang Petry »Wahnsinn« covern ... ach Moment... das gab es ja... na dann. Durch einen geschickten Twist kamen wir auf eine Art und Weise dazu dieses Projekt umzusetzen, ohne dabei die gefühlt tausendste Märchen-CD der Brüder Grimm zu veröffentlichen. »Okay, aber wir machen unser eigenes Ding daraus,« sagte Michael zu dem Angebot. Und was war unser Ding? Wie bei Fleckie und all den anderen Produktionen, die KiCo fertigte, ging es darum, eine eigene Sichtweise auf das Thema zu erzeugen und so sprachen wir nicht einfach nur die Märchen als Erzählungen ein, sondern legten sie auf ein eigenes musikalisches Bett, um dabei den alten Geschichten auch direkt neue Worte zu geben. In Liedern, die wir zwischen den Märchen hervorkommen ließen, erzählten wir unsere Sicht auf die Märchen, erzählten die Geschichten weiter und ergänzten sie um einen musikalischen Anstrich, den sie in 200 Jahren noch nicht erfahren hatten. Und ganz plötzlich standen wir neben den Schatten und wir hatten das Gefühl, dass dieser Schatten zufrieden zu uns hinüber lächelte.

Es wurde eine Doppel-CD mit 152 Minuten Spielzeit. Ein Mammutwerk, entstanden in unzähligen Stunden in der Sprecher- und Gesangskabine. Rechtzeitig zum Jahresende, dem genauen Zeitpunkt des Jubiläums, waren wir fertig und die CD erschien. Damit sollte diese Geschichte einheitlich gleichsam ihren Höhepunkt und ihr Ende finden. » ...und sie lebten glücklich bis an das Ende ihrer Tage« und so. Aber es kam anders und Grimm trifft Grimm sollten als Künstler ihren Weg auf andere CDs und auf die Bühne finden.

Wir hatten uns für das Cover der CD extra im Fundus des Dortmunder Stadttheaters Kostüme aus der Zeit der Brüder Grimm besorgt und diese für eine gewisse Zeit ausgeliehen. Mit Erscheinen der CD wurden plötzlich Stimmen laut, die danach fragten, ob man das Ganze nicht auf die Bühne bringen könnte. Gut, die Kostüme hatten wir ja bereits, was fehlte, war ein Rahmen, in dem wir die Märchen auf einer Bühne zum Leben erwecken sollten. Sina Weber, eine junge Regisseurin half uns die Brüder zu neuem Leben zu erwecken. Was als ernsthaftes Märchen-Lesetheater mit Musik geplant war, wurde allerdings sehr schnell zu dem, was eben entsteht, wenn man zwei kreative Chaoten aufeinander loslässt. Grimmt trifft Grimm wurde live zu einem Märchen-Comedy-Abendprogramm, in dem wir in den Rollen von Jacob und Wilhelm die Zuschauer in die Entstehungszeit der Märchen entführen.

Entführen an den Schreibtisch zweier Brüder, die unterschiedlicher nicht sein könnten. Also ja, unterschiedlich hübsch, aber das meine ich gerade gar nicht. Der eine, Jacob (ich), dafür zuständig, auf den Märkten und bei den Damen der Ortschaften nachzuhören, was sie ihren Kindern für Geschichten erzählen, und sie dem anderen, Wilhelm (Michael), mitzubringen, damit er sie zu fertigen Geschichten verdichten kann. Das Publikum ist dabei immer Quelle der Inspiration und so werden aus Hänsel und Gretel sehr gerne mal Kevin und Schakeline. Zwei Typen in historischen Kostümen, die sich gegenseitig in den Wahnsinn treiben und es doch schaffen die Märchen vom »Es war einmal ...« bis zum »Wenn sie nicht gestorben sind...« zu Ende zu führen und dabei auch noch singen und das Publikum mit in Chaos stürzen. Wer hätte gedacht, dass Märchen beim Zusehen Bauchschmerzen vor Lachen machen könnten?

Wir werden oft gebucht für Jubiläen und gerade die Vorweihnachtszeit ist Märchen-Hochzeit. Oftmals sehen wir von hinterm Vorhang in Gesichter, die denken: »Märchen, ehrlich jetzt? Puh, da hätte ich lieber zuhause den Bachelor gucken können.« Und eben genau diese Menschen, die so dachten und nicht wussten, was sie erwartet, kommen danach zu uns und feiern uns für einen Abend, den sie so noch nie erlebt haben. Und ja, dann gibt es noch die Damen die zu mir kommen und sagen: »Hach, das war schön, was sie da mit ihrem Vater auf die Beine gestellt haben.« Armer Michael – nun ja die Rolle des Wilhelm stellt er eben so erhaben und väterlich dar, da kann man so was schon mal denken. *hust*

Was also als Gastsänger auf einem Konzert in Meerbusch begann, ist eine Reise geworden, die alles überdauerte, was wir uns vorstellen konnten und 2017, fünf Jahre nach unserer ersten CD, durften wir wieder ins Studio, um »Grimm trifft Grimm – das Liederalbum« aufzunehmen. Alle Lieder, die sich in den Märchen als kurze Refrains versteckten, als ganze Lieder, neue Lieder und neue Märchen. Was für eine Reise. Mittlerweile bin ich mit meinen Songtexten fester Bestand im KiCo-Team und durfte mit Michael und Stefan unglaublich viele Lieder schreiben. Ich bin dankbar dafür, dass meine Leidenschaft fürs Songtexten nicht mehr für die Schublade stattfindet, sondern von den Jungs gefördert wird. Eine besondere Ehre war das Liederalbum zu »Der kleine Prinz« bei dem ich mit sieben Songtexten dem alten Klassiker neu Worte schenken durfte. Aber auch moderne Märchen wie »Mascha und der Bär« durfte ich mit Songtexten versehen und auf einer 60 Liederbox für Kids mit 32 Songtexten zum Lernen aus meiner Feder glänzen. Was aus einer zufälligen Begegnung nicht alles erwachsen kann!

Ich habe die Freigabe von Universal Music und KiCo bekommen, die Songtexte, die ich für das Grimm trifft Grimm-Liederalbum schreiben durfte, hier im Buch abzudrucken und etwas zu ihrer Entstehung zu schreiben.

Diese Texte sind meine Art und Weise, die Märchen der großen Brüder zu würdigen.

Ich kann nicht malen oder zeichnen, zu schreiben ist meine Kunstform und so versuche ich mit Sprache Bilder zu erzeugen und Geschichten zu malen.

Die CD findet ihr im Übrigen hier:

www.grimmtrifftgrimm.de

Songtexte zu Grimm trifft Grimm –

das Liederalbum:

Bei jeder Geschichte muss es ein erstes Kapitel geben, so arbeite ich auch bei Liederalben, es muss einen Auftakt geben. Ein zentraler Punkt in den Märchen der Brüder Grimm ist der Anfang. Am Anfang steht das »Es war einmal...« und in meinem Verständnis öffnen diese Worte jedes Mal eine Tür in eine neue fantastische Welt. Dieses Bild wollte ich einfangen und den zweitwichtigsten drei kleinen Worten einen Liedtext widmen, um damit das Liederalbum zu eröffnen:

Songtext: Es war einmal

Strophe:
Drei kleine Worte öffnen eine Tür,
in eine fremde ferne Welt,
voller Zauber, Fantasie,
wo Sternenstaub vom Himmel fällt.

Es war einmal, steht hier geschrieben,
im Märchen kannst du alles sein,
die Zeit scheint ewig stehengeblieben,
ein wahrer Held ist nie zu klein.

Es war einmal ... , es war einmal ...

Sieh die Sterne, wie sie tanzen,
hör dem Wind zu, wie er singt,
spür den Zauber, der beginnt,
es war einmal, es war einmal,
ein neues Lied erklingt.

Strophe:
Ein kleiner Schritt führt dich hierher
an diesen zauberhaften Ort,
voller Liebe und Magie,
wo deine Furcht scheint so weit fort.

Es war einmal, steht hier geschrieben,
ein Märchen kann die Wahrheit sein.
Sind alle Monster erst vertrieben,
kannst du ein Königreich befreien.

Bridge:
Es war einmal ... , es war einmal ...

Refrain:
Sieh die Sterne, wie sie tanzen,
hör dem Wind zu, wie er singt,
spür den Zauber, der beginnt,
es war einmal, es war einmal,
ein neues Lied erklingt.

»Schlag die Augen auf« – Dornröschen

*Als für mich eines der bedeutendsten Werke der Brüder Grimm,
war es klar, dass Dornröschen einen eigenen Song auf der Platte
bekommen sollte. Seit dem Moment, in dem dies klar war, hatte
ich folgenden Satz für den Refrain im Kopf und trällerte ihn stundenlang vor mich hin:*
»Dornröschen, schlag die Augen auf«
*Der Rest für den Refrain und die Strophen war recht schnell
gefunden, da das Märchen ja genügend einprägsame Bilder lie-
fert, die ich nur noch in Form gießen musste:*

Strophe:
Alles bleibt ganz plötzlich stehen,
selbst der Wind darf nicht mehr wehen.
Tag ein Tag aus bleibt alles still,
es scheitert, wer dich retten will.

Bridge:
So ist es nun seit langer Zeit,
die Hecken dicht, der Weg so weit,
und niemand kommt zu dir hinein.
Wie ewig wird dein Schlaf wohl sein?

Dornröschen, schlag die Augen auf!
Dein Retter naht, spürst du es auch?
Die hundert Jahre sind vorbei,
nun noch ein Kuss und du bist frei.

Die Dornen werden Rosen weichen,
Ein Prinz bald seine Chance ergreifen.
So nimmt das Märchen seinen Lauf
Dornröschen, schlag die Augen auf!

Strophe:
Alles liegt in tiefem Schlaf,
die Welt hält ihren Atem an,
schon viel zu lange liegst Du dort,
versteckt an diesem stillen Ort.

Bridge:
Verwunschen sieht die Gegend aus,
als führt kein Weg hier jemals raus
und niemand kommt zu dir hinein.
Wie ewig wird dein Schlaf wohl sein?

Refrain:
Dornröschen, schlag die Augen auf!
Dein Retter naht, spürst du es auch?
Die hundert Jahre sind vorbei,
nun noch ein Kuss und du bist frei.

Die Dornen werden Rosen weichen,
Ein Prinz bald seine Chance ergreifen.
So nimmt das Märchen seinen Lauf

Dornröschen, schlag die Augen auf!

C Teil:
Der Eine kommt, der es doch wagt,
die Hecken zu bezwingen,
schlägt mutig sich den Weg zu dir,
um einen Neuanfang zu bringen.
Mach dich bereit, es ist so weit –
spür jetzt den Kuss der dich befreit!

Refrain:
Dornröschen, schlag die Augen auf!
Dein Retter naht, spürst du es auch?
Die hundert Jahre sind vorbei,
spürst du den Kuss, nun bist du frei.

»Laufen, laufen, niemals stehen« –

Hase und Igel

Hektisch geht es zu im Leben des Hasen, eher gemütlich im Leben des Igels. Beide Welten sollten in diesem Text vereint werden. Beide eint die Freude am Laufen, jeder auf seine Art. Also bieten wir den beiden eine Nummer mit etwas Tempo – aber nicht zu viel für den listigen Igel:

Die Sonne kriecht den Himmel rauf,
ein neuer Tag nimmt seinen Lauf.
Bist du bereit um frei zu sein,
dann komm mit uns und schwing dein Bein.

Refrain:
Laufen, laufen – niemals stehen –
jeden Tag die Sonne sehen –
springen, lachen – weiter gehen –
sich vor Glück im Kreise drehen –
So wollen wir leben – so wollen wir sein –
so kommt das Glück zur Tür herein –
listig, lustig – niemals klein –
so kommt das Glück zur Tür herein –
Du musst nur stets zufrieden sein –
laufen, laufen – niemals stehen –
Jeden Tag die Sonne sehen.

Strophe:
Der Regen plätschert laut vom Dach,
die Sonne wird heut' gar nicht wach.
Das hält uns nicht vom Tanzen ab,
In den Pfützen wird sich nass gemacht.

Refrain:
Laufen, laufen – niemals stehen –
jeden Tag die Sonne sehen –
springen, lachen – weiter gehen –
sich vor Glück im Kreise drehen –
So wollen wir leben – so wollen wir sein –

so kommt das Glück zur Tür herein –
listig, lustig – niemals klein –
so kommt das Glück zur Tür herein –
Du musst nur stets zufrieden sein –
laufen, laufen – niemals stehen –
Jeden Tag die Sonne sehen.

Strophe:
Egal ob Sonne oder Regen,
wir sind heut wieder in Bewegung.
Es gibt so viel in der Natur zu sehen.
mach die Augen auf, die Welt ist wunderschön …

Refrain:
Laufen, laufen – niemals stehen –
jeden Tag die Sonne sehen –
springen, lachen – weiter gehen –
sich vor Glück im Kreise drehen –
So wollen wir leben – so wollen wir sein –
so kommt das Glück zur Tür herein –
listig, lustig – niemals klein –
so kommt das Glück zur Tür herein –
Du musst nur stets zufrieden sein –
laufen, laufen – niemals stehen –
Jeden Tag die Sonne sehen.

C Teil:
Und ist es draußen mal zu kalt,
dann bauen wir uns im Zimmer einen Märchenwald …

Refrain:
Laufen, laufen – niemals stehen –
jeden Tag die Sonne sehen –
Springen, lachen – weiter gehen –
sich vor Glück im Kreise drehen –
So wollen wir leben – so wollen wir sein –
so kommt das Glück zur Tür herein –
Listig, lustig – niemals klein –
so kommt das Glück zur Tür herein –
Du musst nur stets zufrieden sein –
laufen, laufen – niemals stehen –
Jeden Tag die Sonne sehen.

Märchenland

Wir alle erinnern uns daran was Märchen mit uns gemacht haben, wenn sie uns als Kind erzählt wurden. Man erinnert sich an ein Gefühl, einen Geruch, einen Ort oder Menschen, der uns die Geschichten vorgelesen hat. Dieses Thema ist keines welches die Brüder Grimm selbst singen könnten, da sie ja gerade erst die Geschichten schreiben. Sie wussten zwar, dass sie Welten erschaffen, aber sie konnten nicht wissen, wie wir sie in ein paar hundert Jahren erlebt werden. Also sollte ein Text entstehen, in dessen Strophen andere Sänger, also Gäste, über die Märchen singen und zu Bridge und im Refrain sollten wir dann wieder einsteigen können. Ein Songtext zum Teil in der Perspektive von

Zuhörern und der andere Teil aus Sichtweise der Brüder, wie sie uns in ein Märchen einladen. Ich hoffe, ihr könnt in den Worten auch die Bilder sehen, die ich beim Schreiben vor Augen hatte:

Strophe:
Kannst Du das knistern hören und die Funken sehen,
wie sie ums Feuer tanzen, schwebend fast im Raume stehen,
spürst Du die Wärme, das vertraute wohlige Gefühl,
damals war die Welt beschaulich, warum ist sie heut so kühl?

Am Kamin haben wir gesessen, unsrer Oma zugehört,
wenn sie von fernen Welten schwärmte,
hat sie uns weit fort geführt.
Es waren Geschichten über Freundschaft,
aus einem zauberhaften Land,
die beiden die sie für uns schrieben,
sind auch heute noch bekannt.

Bridge:
Wir haben Märchen für Euch, kommt mit in die Welt –
wo der Müller, der Hirte ist dem König so gleich.
Wo Wunder geschehen und wo Träume bestehen –
wo der Glaube ans Gute – uns hilft, die Wahrheit zu sehen.

Refrain:
Und geht dir auch mal – die Hoffnung verloren,
wird auf der nächsten Seite deine Chance geboren,
so ist es im Märchen und wird's immer sein –
ein Kuss wahrer Liebe kann Welten befreien.

Strophe:
Du kannst Mauern erklimmen
und dichte Dornen durchdringen,
tiefe Brunnen erkunden und böse Drachen bezwingen.
spürst Du den Mut, dieses starke Gefühl,
hier ist alles möglich, kein Wunsch je zu viel.

Wir können uns alles erträumen, hier gilt keine Zeit,
wir laufen über sieben Berge, durch ein Land ach so weit.
Es sind die kleinen Gedanken, sie lassen Großes entstehen,
schließ einfach die Augen, ja dann kannst du es sehen.

Bridge:
Wir haben Märchen für Euch, kommt mit in die Welt –
wo der Müller, der Hirte ist dem König so gleich.
Wo Wunder geschehen und wo Träume bestehen –
wo der Glaube ans Gute – uns hilft, die Wahrheit zu sehen.

Refrain:
Und geht dir auch mal – die Hoffnung verloren,
wird auf der nächsten Seite deine Chance geboren,
so ist es im Märchen und wird's immer sein –
ein Kuss wahrer Liebe kann Welten befreien.

»Schwester, Schwester, bleib bei mir« –
Hänsel und Gretel

Kein anderes Märchen würde sich besser eigenen um einen Mut-mach-Song zu schreiben als Hänsel und Gretel. Gleichzeitig kennen sicher viele von euch, die Geschwister haben, dass man sich zwar oftmals streitet, aber am Ende, wenn es wichtig ist, dann zählt der Zusammenhalt. Ohne diesen Zusammenhalt hätten es Hänsel und Gretel nie aus dem Wald wieder herausgeschafft. Gretel war die Mutigere der beiden, aber auch Hänsel steht seiner Schwester zur Seite, die laut Märchen in der Dunkelheit Angst hatte. So richten sich die beiden an einen treuen Begleiter der Nacht, um den Weg zu finden – den Mond. Wir begleiten die beiden auf ihrem Weg durch die Nacht:

Strophe:
Die Welt scheint still, kein Laut zu hören,
hab keine Angst, ich will dich führen,
will dass du wieder lachen kannst,
vergnügt um jedes Feuer tanzt.

Bridge:
Kann die Nacht die Heilung sein,
kann sie unsere Seele führen?
Kann der Mond Begleiter sein,
der uns aus unserer Not befreit?
Die Erde dreht sich weiter,
wir zwei sind noch nicht verloren,
wir werden nah beisammen sein,
der helle Mond wird bald geboren.

Refrain:
Schwester, Schwester, bald können wir gehen,
bleib bei mir und Du wirst sehen,
dass der Mond nun bald erwacht,
wir beide schaffen es durch die Nacht.
Schwester, Schwester ich halt dich warm,
schlaf noch ein wenig in meinem Arm.
Atme weiter, bleib bei mir,
bald ist der helle Mondschein hier.

Strophe:
Der Wind schweigt still, kein Vogel singt,
in weiter Ferne Hoffnung klingt,
ich halt dich fest mit aller Kraft,
wir haben schon so viel geschafft.

Bridge:
Kann die Nacht die Heilung sein,
kann sie unsere Seele führen?
Kann der Mond Begleiter sein,
der uns aus unserer Not befreit?
Lass uns den Atem nicht verschenken,
nicht mehr an die Sorgen denken.
Lass uns lachen, lass uns tanzen,
neue Zweige in verbrannte Erde pflanzen.

Refrain:
Schwester, Schwester, bald können wir gehen,
bleib bei mir und Du wirst sehen,
dass der Mond nun bald erwacht, wir beide schaffen es durch
die Nacht.

Schwester, Schwester ich halt dich warm, schlaf noch ein
wenig in meinem Arm.
Atme weiter, bleib bei mir, bald ist der helle Mondschein hier.

C–Teil:
Wenn die Kiesel nicht erstrahlen
und alle Krumen sind verspeist,
Halt ich dich in meinen Armen –
bis der Mond den Weg uns weist.
Ich werd Dich niemals verlassen –
ist die Welt auch noch so kalt,
bin für dich die starke Schulter –
gebe Deinen Schritten Halt ...

Refrain:
Schwester, Schwester, bald können wir gehen,
bleib bei mir und Du wirst sehen,
dass der Mond nun bald erwacht,
wir beide schaffen es durch die Nacht.
Schwester, Schwester ich halt dich warm,
schlaf noch ein wenig in meinem Arm.
Atme weiter, bleib bei mir, bald ist der helle Mondschein hier.

»Ein Traum wird wahr« – Froschkönig

Der Froschkönig ist verdammt kitschig. Weiße Pferde, Kutsche, schillernde Königreiche. Alles in allem der Stoff aus dem die Märchenträume sind. Bei unserem Live-Programm ist das gespielte Märchen immer ein Garant für viele Lacher – das Lied dazu ist eher Easy-Listening. Eine Wohlfühlnummer, bei der ich bei den letzten Worten vom Refrain immer entspannt Gähnen muss – klingt wie ein erfundenes Märchen – ist aber tatsächlich so. Immer bei ...als Du auf der Wiese lagst ... überkommt mich ein Gähnen. Vielleicht, weil dieses auf dem Rücken auf einer Wiese liegen und in den unendlichen blauen Himmel hinaufschauen eine meiner liebsten Kindheitserinnerungen ist und ich sehr entspannt daran erinnere. Ich träumte oft von der Bühne und von Musik – davon etwas zu erschaffen und mit anderen zu teilen. Denn, die Katze hat sieben (manchmal auch neun) Leben, wir nur eins – also nutzen wir es:

Strophe:
Schließ die Augen, träum dich fort –
fühl dich schwebend, leicht und frei –
wünsch dir deinen Traum herbei.
Bleib ganz ruhig und atme ein –
fühl den Wind und jede Wolke –
wünsch dir deinen Traum herbei –
wünsch dir einen Traum herbei.

Refrain:
Sieben Leben hat die Katze, wir nur eins und es ist klar –
Hast du Wünsche – viele kleine –
träum dich hin und mach sie wahr.
achte auf die kleinen Dinge –

manchmal fern und doch so nah –
Phantasie kennt keine Grenzen –
Wünsche werden oft real.
Vergiss niemals die bunten Träume –
als du auf der Wiese lagst ...

Strophe:
Heb die Arme, schweb hinauf –
du kannst fliegen, leicht und frei.
Ein Traum wird wahr, so soll es sein.
Im Sturzflug über Berg und Tal –
niemand der dich halten kann –
Ein Traum wird wahr, so soll es sein,
ein Traum wird wahr, so soll es sein.

Refrain:
Sieben Leben hat die Katze, wir nur eins und es ist klar –
Hast du Wünsche – viele kleine –
träum dich hin und mach sie wahr.
achte auf die kleinen Dinge –
manchmal fern und doch so nah.
Phantasie kennt keine Grenzen –
Wünsche werden oft real.
Vergiss niemals die bunten Träume –
als du auf der Wiese lagst ...

C–Teil:
Und fühlst Du dich auch wie ein Frosch,
der einsam auf Erlösung hofft.
So halte fest an deinem Traum –
weil Träume nur dem Herz vertrauen.

Refrain:
Sieben Leben hat die Katze, wir nur eins und es ist klar –
Hast du Wünsche – viele kleine –
träum dich hin und mach sie wahr –
Achte auf die kleinen Dinge –
manchmal fern und doch so nah.
Phantasie kennt keine Grenzen –
Wünsche werden oft real.
Vergiss niemals die bunten Träume –
als du auf der Wiese lagst ...

»Wahre Freundschaft« – Frau Holle

Wenn wir gerade beim Leben genießen sind, dann darf eine Erkenntnis aus Frau Holle nicht fehlen. Wer mit wachen Augen durch den Tag geht, der sieht Dinge, die anderen vielleicht verborgen bleiben. Sieht Situationen, in denen andere Hilfe brauchen, und wenn es auch nur ein schreiendes Brot in einem Ofen ist, das zu verbrennen droht. Okay, das klang jetzt nach Amsterdam-Trip. Es geht um eine gewisse Grundfreundlichkeit und um die Erkenntnis, dass Freundschaft und Familie unser wertvollster Besitzt sind. Klingt kitschig, aber hey, wir reden hier vom Song zum Märchen, da ist ein wenig Kitsch doch wohl erlaubt:

Strophe:
Lange Wege liegen vor uns –
tiefe Täler, weite Seen,
jeden Schritt bewusst erleben,
jeden Augenblick verstehen.
Große Schritte brauchen Taten,
die nur Mutige begehen,
sei bereit auf allen Wegen auch den schmalen Pfad zu gehen.

Bridge:
Die Augen auf den Tag gerichtet –
sehend was am Weg passiert –
auf all zu viel vom Schmuck verzichtet –
einfach, schön und interessiert –
die wachen Augen werden helfen,
die Not der anderen zu sehen –
und eines Tages, ungefordert –
wird man dir danken für die Müh'.

Refrain:
Gold kann glänzen, Gold kann scheinen –
Gold kann dir den Kopf verdrehen.
Wahre Liebe, wahre Freude –
hab ich nie in Gold gesehen.
Wenn wir glänzen, selber scheinen –
sind wir wertvoll, tausendschön,
wahre Freundschaft, die wir suchen –
wird selbst Gold noch überstehen.

Strophe:
Viele Wege führen zu Unmut –
schwere Schritte, Alltagsgrau,
gemeinsam geht die Reise weiter,
malen wir den Himmel blau.
Bleib Dir treu in jedem Sturme,
sei bewusst, nie ungenau.
Ist der Tag auch noch so eisig,
ist der Wind auch noch so rau.

Bridge:
Die Augen auf den Tag gerichtet –
sehend was am Weg passiert –
auf all zu viel vom Schmuck verzichtet –
einfach, schön und interessiert –
die wachen Augen werden helfen,
die Not der anderen zu sehen –
und eines Tages, ungefordert –
wird man dir danken für die Müh'.

Refrain:
Gold kann glänzen, Gold kann scheinen –
Gold kann dir den Kopf verdrehen.
Wahre Liebe, wahre Freude –
hab ich nie in Gold gesehen.
Wenn wir glänzen, selber scheinen –
sind wir wertvoll, tausendschön,
wahre Freundschaft, die wir suchen –
wird selbst Gold noch überstehen.

C–Teil:
Und am Ende jeder Reise steht ein neues Ziel bereit,
halt die Augen immer wachsam und das Herz offen und weit.

Refrain:
Gold kann glänzen, Gold kann scheinen –
Gold kann dir den Kopf verdrehen.
Wahre Liebe, wahre Freude –
hab ich nie in Gold gesehen.
Wenn wir glänzen, selber scheinen –
sind wir wertvoll, tausendschön,
wahre Freundschaft, die wir suchen –
wird selbst Gold noch überstehen.

»So klingt das Glück« – Rapunzel

Bei Rapunzel handelt es sich um eine weggesperrt Schönheit. Was bleibt ihr noch, um auf sich aufmerksam zu machen? Gefangen in einem Turm, umringt von Farbe, hoch in den Wolken – ihre Stimme. In meiner Vorstellung hat sie eine wunderbare Stimme und diese kann sich von ihrem Turm aus ungehindert verbreiten und über den Märchenwald schweben, so dass sie erhört wird. Eine Stimme, deren Klang sich in den Farben des Regenbogens spiegelt, diesen zu brechen versteht, umso alles und jeden in Klangfarbe zu tauchen. Gut, das klingt jetzt wieder nach Amsterdam–Trip, sorry. Hören wir der guten Rapunzel doch einfach zu:

Strophe:
Schönheit wird erwachen – erblühen im grauen Garten –
verboten sind die Früchte – die frohlockend auf uns warten.
Schönheit wird erstrahlen – unerwartet, ungesehen –
rufe leise ihren Namen – um jede Prüfung zu bestehen.

Refrain:
Danke für die Farben, danke für das Licht,
das sich in deiner Schönheit –
Weg in deiner Schönheit bricht.
Danke für die Stimme, für diesen lieblichen Klang –
so klingt das Glück von Anfang an –
dass ich nicht widerstehen kann ...

Strophe 2:
Güte wird erwachsen – zwischen Dornen voller Neid –
niemand wird dir Schaden – weil dein Frohsinn sie vertreibt.
Mut wird dich begleiten – auf dem Weg, für alle Zeit –
rufe leise ihren Namen – sie gibt dir sicheres Geleit.

Refrain:
Danke für die Farben, danke für das Licht,
das sich in deiner Schönheit –
ja in deiner Schönheit bricht.
Danke für die Stimme, für diesen lieblichen Klang –
so klingt das Glück von Anfang an –
dass ich nicht widerstehen kann ...

C–Teil:
Ist der Aufstieg auch beschwerlich –
wartet oben hoch im Turm –
eine Zukunft für uns beide –

die jede Schwierigkeit entlohnt und jede Traurigkeit entthront.

Refrain:
Danke für die Farben, danke für das Licht,
das sich in deiner Schönheit – ja in deiner Schönheit bricht.
Danke für die Stimme, für diesen lieblichen Klang –
so klingt das Glück von Anfang an – dass ich nicht widerstehen kann...

»Du bist das Lied« – Bremer Stadtmusikanten

Die Bremer Stadtmusikanten sind der Beweis dafür, dass man im Märchenland alles erreichen kann oder sein kann, was man will. Egal wie alt, ramponiert, aussortiert und abgeschrieben man auch ist. Eine zweite Karriere kann man immer beginnen – das Spiel kenn ich irgendwoher – meine 15 Minuten Ruhm waren nach Popstars ja auch vorbei und Tadaaaa: ich darf immer noch coole Sachen machen – so wie die Jungs, die auszogen, um Stadtmusikanten in Bremen zu werden. Wisst ihr eigentlich, dass sie da nie ankamen? Aber sie erlebten einige Abenteuer auf ihrer Reise. Es geht darum, seinen eigenen Takt, seine eigene Melodie zu finden, um im großen Song des Lebens eine Strophe mitzusingen, zu miauen, krähen oder ein lautes IAA von sich zu geben. Egal was auch kommt – du bist das Lied:

Strophe:
Fühlst du dich manchmal klein –
und die Welt wirkt schrecklich groß,
trittst du ständig auf der Stelle –
kommst nicht vom Fleck, kommst nicht los.
Dann such nach deiner Melodie,
die in allen Ohren klingt,
die auch noch an fernen Tagen,
irgendjemand für dich singt.

Refrain:
Du bist der Ton – der erklingt mit jedem Takt –
jeder Schritt ist eine Reise – voll von Tönen – laut und leise.
Du bist das Lied – das andere singen –
jeder Morgen ist ein Ziel –
voll von Wegen, die uns leiten –
sing ein Lied von deinen Reisen –
nimm es mit in deine Tage –
nimm es mit und sing es mir –
nicht das Laute, auch das Leise –
ich möchte jede Note hören ...

Strophe:
Fühlst du dich manchmal verloren –
und so einsam auf der Welt,
sind die Tage scheinbar endlos –
alles zerbricht, nichts da das hält.
Dann halt dich fest an deinen Tönen,
deiner eigenen Melodie,
sie ist stets in deinem Herzen und verklingen wird sie nie.

Refrain:
Du bist der Ton – der erklingt mit jedem Takt –
jeder Schritt ist eine Reise – voll von Tönen – laut und leise.
Du bist das Lied – das andere singen –
jeder Morgen ist ein Ziel –
voll von Wegen, die uns leiten –
sing ein Lied von deinen Reisen –
nimm es mit in deine Tage –
nimm es mit und sing es mir –
nicht das Laute, auch das Leise –
ich möchte jede Note hören ...

C Teil:
Wage ständig neue Wege – traue dir das Große zu –
lass dein Herz für dich entscheiden –
höre seinen Klängen zu...

Refrain:
Du bist der Ton – der erklingt mit jedem Takt –
jeder Schritt ist eine Reise – voll von Tönen – laut und leise.
Du bist das Lied – das andere singen –
jeder Morgen ist ein Ziel –
voll von Wegen, die uns leiten –
sing ein Lied von deinen Reisen –
nimm es mit in deine Tage –
nimm es mit und sing es mir –
nicht das Laute, auch das Leise –
ich möchte jede Note hören ...

Und sie lebten glücklich...

Was mit einem »Es war einmal ...« beginnt, das muss auch irgendwann enden. Bei den Brüdern Grimm endet manches Märchen mit der Floskel: »Und wenn sie nicht gestorben sind, dann leben sie noch heute.« Ich mag abgeschlossene und in sich runde Geschichten – das versuche ich auch bei meinen kurzen Geschichten zu beachten oder bei Songtexten – auch auf die ganze Länge gesehen bei einen Album, mag ich, wenn man Anfang und Ende bewusst machen kann und so endet das Liederalbum von der musikalischen Seite her mit diesem Song. Eine Art Rückblick auf alles, was erlebt wurde, auf alles, was einem in den Märchen an Gefahren und Abenteuern begegnet und eine Aussicht auf das, was noch kommen mag. Mit diesem Song soll sich der Kreis des Grimm-trifft–Grimm-Liederalbums schließen und man kann mit Song 1 wieder von vorne auf die Reise gehen. Hier also der Abschluss des Albums:

Strophe:
Jeder Fluch ist nun vertrieben,
die Prinzessin ist befreit.
Die Menschen leben glücklich
bis zum Ende ihrer Zeit

Bridge:
Die Turmuhr klingt nun friedlich,
alle Vögel singen laut,
die Hexe ist verschwunden,
der Märchenwald wirkt so vertraut.

Refrain:
Und wenn sie nicht gestorben sind,
dann leben sie noch heute,
Zwerge, Riesen, Schneiderlein,
große und kleine Leute.

Ist das Märchen auch vorbei,
die Geschichte bleibt bestehen.
Im Märchenland, so sagt man sich,
kann man sie wiedersehen.

Strophe:
Jede Wolke ist verschwunden,
legt den blauen Himmel frei,
im Ballsaal wird gefeiert,
alle Feen sind dabei.

Bridge:
Keine Spindel mehr gefährlich,
kein Apfel mehr Gefahr,
Das »Es war einmal« beendet,
das Märchen wurde wahr.

Refrain:
Und wenn sie nicht gestorben sind,
dann leben sie noch heute,
Zwerge, Riesen, Schneiderlein,
große und kleine Leute.

Ist das Märchen auch vorbei,
die Geschichte bleibt bestehen.
Im Märchenland, so sagt man sich,
kann man sie wiedersehen

Gesprochen: »und sie lebten glücklich und zufrieden, bis an
das Ende ihrer Tage...«

Text & Musik:
Markus Grimm, Stefan Breuer, Michael »Momo« Grimm,
Dirk Gottschalk
Kiddys Corner Musikverlag 2017

Prinzessin Widerwillen

Wenn man Lieder für ein Märchenalbum wie die Grimm-trifft-Grimm-Platte schreibt, dann macht man sich über viele Dinge rund um den Märchenwald Gedanken. So fällt eben auch auf, wie es den jungen Damen in diesem Forst zu ergehen scheint. Ich finde es ist an der Zeit, mal eine Lanze für die andauernd rettungsbedüftigen Prinzessinnen zu brechen.

Es war einmal ... ein fernes Land in dem alles möglich war, erschaffen von zwei Brüdern, ein Land voller Magie, mit wunderschönen Burgen, majestätischen Bergen, riesigen Riesen, epischen Abenteuern und voller Liebe, sehr viel kitschiger Liebe. Aber war hier wirklich alles möglich? Nun ja, selbst Esel konnten Goldtaler ausscheiden, verschrobene Kerle konnten aus Stroh Gold spinnen und Tische konnten sich selbst eindecken. Damit konnten diese Tische mehr selbstständig erledigen, als so manche junge Dame im Märchenland. Warum? Hast Du schon mal überlegt wie selten die schönen bedrohten Königstöchter ihr Date selbst aussuchen können?

Stell Dir mal vor, du bist ein junge Prinzessin und ganz oder beinahe ganz unverschuldet in eine beschissene Situation gekommen. Sagen wir mal so etwas wie: du musst 100 Jahre schlafen, hast einen Apfel im Hals hängen und pennst ebenfalls oder bist in unmenschlicher Höhe in einem doofen Turm eingesperrt. Schon ziemlich blöd gelaufen, oder? Aber für all diese beschissenen Situationen haben sich die Brüder Grimm eine Rettung erdacht, in Form eines ... tadaaa ... Prinzen. Der Held hört von der Notlage, er schwingt sich auf sein weißes Pferd, reitet los um die holde Maid zu retten und sie aus ihrer misslichen Lage zu befreien. Was aber, wenn die holde Maid überhaupt noch gar nicht bereit ist, das ihr zugedachte Happy End zu treffen? Zumal sie ja nicht vorher auf Tinder oder Parship durch einen möglichen Kandidaten-Katalog blättern kann, sondern den nehmen muss, der da angeritten kommt.

Da schläfst du 100 Jahre, kriegst von dem Typen, der einfach das glückliche Timing hatte, als die Hecke schon am verwelken war, durchs Gebüsch zu steigen, einen Kuss aufgedrückt und das erste, was du siehst wenn du deine Augen öffnest, ist eine Dauerwelle oder du hast den Mundgeruch von dem Typen schon wahrgenommen, obwohl du noch in einem verhexten Tiefschlaf hängst. Verdammt. Und damit sollst du dann »sie lebten glücklich bis an ihr Lebensende« verbandet sein? Oder du hast von dieser mega Party im Schloss gehört und schleichst dich in geliehenen oder wie durch Zauberhand aufgetauchte Abendgarderobe inklusive Glasschuhen auf die Fete, stehst unter der Diskokugel auf der Tanzfläche, dein Herz rast und dann kommt der Schlossherr die Treppe herunter und es ist nicht Channing Tatum sondern Hugh Hefner. Auf der Flucht vor dem geilen Greis verlierst du einen deiner Schuhe und der alte Fußfetischist stalkt das ganze Dorf, um deinen Fuß zu finden. Wie gerne würde man da einfach neue Schuhe bei Zalando bestellen und mit dem jungen Paketboten das Land verlassen.

Oder stell dir vor, du hörst eine liebliche Stimme aus der Tiefe, die ruft: »Rapunzel, lass dein Haar herunter:« Du gehst ans Fenster, schaust runter und denkst dir nur: »No fucking way! Den lass ich sicher hier nicht hoch. Die Aussicht reicht mir von hier oben schon.« Aber es ist eben keine andere Rettung in der Nähe. Jetzt stell dir mal vor, Rapunzel wäre zudem kurzsichtig, hört besagte Stimme, schmeißt ihren Zopf ungesehen aus dem Fenster und kann am Gewicht, das sich da im Augenblick wie der letzte Nerd im Sportunterricht am Tau zur Turnhallendecke hinauf quält, erkennen, dass sich da gerade nicht Prinz Charming sondern Jabba The Hutt auf den Weg zu ihr gemacht hat. Und wieder gilt: ist die Ware angeleckt, musst Du sie behalten! Was ist da los im Märchenwald und bei den Brüdern Grimm? Schon mal was von Damenwahl gehört? Die Ladies können einem echt leidtun und ich finde man sollte ihnen einen Stimme geben. Da sie gerade nicht selbst für sich einstehen können, übernehme ich das mal – hier also der Song für alle unfreiwillig errettete Prinzessinnen aus dem auswahlfreien Märchenland:

Jetzt mal ehrlich ...

Text: Jetzt mal ehrlich ... – 2017

Gesprochen: »Was, wenn die Prinzessinnen aus dem Märchen noch gar nicht bereit sind für ihre Rettung durch irgendeinen dahergelaufenen Prinzen? Dann singen sie ihm ihre Meinung:«

Strophe:
Ich halt die Zeiger fest – auf 5 vor 12 –
bevor die Turmuhr klingt – und mich zur Heimkehr zwingt.
Ich halt' den Atem an – nur noch einen Augenblick –
bevor der Kuss die Wirkung zeigt
und mich aus meinen Träumen reißt.

Jetzt mal ehrlich, lieber Prinz,
ich kenn dich ja fast nicht,
wie wär's denn erstmal mit 'nem Date,
mit Froschschenkeln bei Kerzenlicht?

Refrain:
Da kann ja jeder kommen – hundert Jahre grad vorbei,
ein schneller Kuss auf kalte Lippen –
wie praktisch, der Weg war frei,
lass mich wenigstens kurz blinzeln,
bevor ich mich erschreck,
weil da unter deiner Krone,
eine Dauerwelle steckt ...

Strophe:
Ich sag, er passt mir nicht – dieser blöde Schuh,
ich bleib den Linsen treu, hab dann noch was meine Ruhe.
Ich schneid die Haare ab – und schenk sie dir,
komm bloß nicht rauf zu mir – die Aussicht reicht von hier.

Jetzt mal ehrlich, lieber Prinz,
ich kenne dich ja fast nicht,
wie wär's denn erst mal mit 'nem Date,
mit Froschschenkeln bei Kerzenlicht?

Refrain:
Da kann ja jeder kommen – an den Haar'n herbeigezogen,
ein schneller Kuss auf schmale Lippen –
mein Herz einfach betrogen –
lass mich wenigstens kurz blinzeln,
bevor ich mich erschreck,
weil da unter deiner Krone,
eine Dauerwelle steckt ...

C–Teil:
Und wenn ich mal nen Kerl will,
dann meld' ich mich noch mal, bis da ist hier alles töffte, die
Hexe kocht – und mir ist warm ...

Refrain:
Da kann ja jeder kommen – an den Haar'n herbeigezogen,
ein schneller Kuss auf schmale Lippen –
mein Herz einfach betrogen –
lass mich wenigstens kurz blinzeln,
bevor ich mich erschreck,
weil da unter deiner Krone,
eine Dauerwelle steckt ...

Kapitel 11

Ein neues Kapitel

Ich durfte in meinem Leben schon mit vielen talentierten Musikern arbeiten. Dabei habe ich auch einige Bands und Musiker entdeckt, die ich auf ihrem Weg zur Bühne ein Stück begleiten durfte. Gerade bei der Band »New Age« fühlte ich mich wieder in meine Zeit mit meiner ersten Band zurückversetzt. Zwei Mädels und zwei Jungs, deren Musik nur noch vom Funkeln in ihren Augen überstrahlt wurde. Ich durfte im Proberaum hinhören und Tipps geben und sie danach auf der Bühne immer weiter wachsen sehen. Eine Zeit lang habe ich ein eigenes kleines Musikformat gemacht, in dem sich junge Bands vorstellen konnten, neben New Age waren dort auch Bands aus den verschiedensten Musikrichtungen vertreten, die in dem Format eines gemeinsam hatten: sie spielten für meine Soundcouch ihre Lieder unplugged. Mit unplugged ist im Übrigen in diesem Fall wirklich »ausgestöpselt« gemeint. Der Begriff wird mittlerweile für jede musikalische Live-Darbietung im Radio genutzt und dort sieht man Künstler an einem Keyboard sitzen und spielen. Wenn das unplugged, also ausgestöpselt, wäre, dann würde man nur das Klackern der Plastiktasten hören. Zurück zum Thema. Mit einem roten aufblasbaren Sofa ging ich dafür an für Musik ungewöhnliche Orte, wie einen Friseursalon, in eine historische Mühle oder in eine KFZ-Werkstatt.

Bei einem dieser Drehs ist mir Felix begegnet, der Gitarrist der jungen Band »Novus« aus Wesel. Wir verstanden uns sofort super und teilten neben dem Interesse für Musik auch den gleichen Humor. Heute ist er neben seinen vielen Bandaktivitäten auch mein Gitarrist, Freund und wir schreiben viele Songs zusammen. Aus seiner Feder stammen die neuesten Songs für dieses Buch und er war in die Entwicklung mit eingebunden, um nach Erscheinen des Buches ein Liveprogramm daraus zu stricken. Wer welchen Song mit mir geschrieben hat könnt ihr am Ende des Buches in den CD-Credits nachsehen. Eine spannende Sammlung an Begegnungen mit kreativen Köpfen aus zehn Jahren. Dieses Kapitel hier behandelt drei der Songs, die Felix und ich in letzter Zeit zusammen schrieben und ihre Geschichte dahinter.

Die Videos der Soundcouch könnt ihr hier ansehen und dabei tolle Bands entdecken:

www.youtube.com/DieSoundcouch

Mädchen im Mond

Das Mädchen im Mond war der erste Song, an dem Felix und ich intensiv gearbeitet haben. Ein eigentlich trauriges Stück, dem aber Hoffnung innewohnt. Die Hoffnung, dass da immer jemand ist, der auch in der tiefsten und traurigsten Stunde über dich wacht. Ein stiller Begleiter, der silbern und leise über die Nacht schaut – das Mädchen im Mond. Viele haben Dinge erlebt, die einen an den Rand der Aufgabe führen – gerade in Teenagerjahren treten aussichtslose Momente ins Leben. Es gibt eben auch böse Märchen und diese gilt es zu bestehen. Ohne das Böse im Märchen könnte das Gute ja am Ende auch nicht triumphieren. Auch ich habe ein böses Märchen erlebt, das mich fast ein Vierteljahrhundert verfolgt hat, bis ich es endlich gehen lassen konnte. Ich habe lange überlegt, ob ich dieses Märchen hier erzähle, aber dieses Buch ist ein Blick nach vorne und den guten Märchen vorbehalten. Dieser Song soll einfach eine Schulter sein, zum Anlehnen, wenn es scheinbar nicht weiter geht. Denn das Leben hat auch noch einiges an guten Märchen für dich im Gepäck, wenn du dich nur vom Mädchen im Mond durch diese eine Nacht bringen lässt.

Mädchen im Mond

Text: Mädchen im Mond – 2017

Strophe:
Sie hat gedacht, es würde gehen,
ist die Weile noch geblieben,
hat die Scherben übersehen,
mit jeder Träne übertrieben.

Sie hat daran geglaubt, dass Sterne ewig scheinen.
Sie stieg hinauf auf's Dach, um mit dem Mond zu weinen.
Und sie fliegt hoch – hoch zu den Sternen –
hinauf ins große Glück, weg von all den Tränen.

Refrain:
Mädchen im Mond – bewache ihre Reise.
Mädchen im Mond – silbern und leise.
Lass an dein Licht – noch diese Nacht,
bis dass der Morgen kommt – sie aus dem Traum erwacht.

Strophe:
Er hat gedacht die Zeit bleibt stehen,
hat vom Leben viel erwartet,
seinen Augenblick verpasst,
den Versuch zu spät gestartet.
Er hat daran geglaubt, dass Worte ewig bleiben.
Er stieg hinauf aufs Dach, um mit dem Wind zu treiben.

Bridge:
Und er fliegt hoch – hoch zu den Sternen –
hinauf ins große Glück – weg von all den Tränen.

Refrain:
Mädchen im Mond – bewache seine Reise.
Mädchen im Mond – silbern und leise.
Lass an dein Licht – noch diese Nacht,
bis dass der Morgen kommt – er aus dem Traum erwacht.

C-Teil:
Zu viel Gefühl für diese Welt – zu wenig Mut um zu bestehen,
zu oft am eignen Herz erstickt,
um den Weg noch mal zu gehen ...

Refrain:
Mädchen im Mond – bewache ihre Reise.
Mädchen im Mond – silbern und leise.
Lass an dein Licht – noch diese Nacht,
bis dass der Morgen kommt – sie aus dem Traum erwacht.

Mädchen im Mond – bewache ihre Reise.
Mädchen im Mond – silbern und leise.
Lass an dein Licht – noch diese Nacht,

bis dass der Morgen kommt – sie aus dem Traum erwacht.

Mädchen im Mond – Mädchen im Mond –
Mädchen im Mond – Mädchen im Mond –
Mädchen im Mond.

Das Ende vom Lied

Manchmal möchte man so viel sagen oder auch wenig, aber
mit so viel Inhalt und Gewicht, dass es einfach nicht in radio-
taugliche 3:30 Minuten passt. Das Resultat ist ein Lied über
Platzmangel und die Möglichkeit, das ewige »Ich liebe dich«
anders verpacken zu können. Dabei überschreitet es sogar die
besagte Länge – ein Teufelswerk. Mit dem Lied »Ich dich auch«
habe ich rund zehn Jahre zuvor einen Song getextet, bei dem
der Singende immer zu spät kommt, um die großen drei Worte
als erster zu sagen. Das Ende vom Lied könnte von derselben
armen Wurst gesungen sein, die es einfach nicht schafft, rechtzeitig auf den Punkt zu kommen oder sich schämt, nur diese
drei Worte zu benutzten. Ach Moment, ich sing das ja. Im Alltag mag ich klare Linien, in Songs darf es eben etwas ausgemal-
ter und ausschweifender zugehen. Hier also der Song, in dem
ich versuche, in der gegebenen knappen Zeit eines Liedes all
die Vorzüge einer Person zu benennen und dabei irgendwie die
ganze Zeit vom drohenden Ende des Liedes verfolgt zu werden.

Das Ende vom Lied

Songtext: Das Ende vom Lied – 2017

Strophe:
Das Ende vom Lied ist sehr bald schon erreicht,
dabei brauch ich noch Töne um zu klär'n,
was mit Worten fällt nicht leicht.
Wie viele Worte passen in eine Melodie?
Um zu sagen, was ich im Herzen trage,
braucht's eine ganze Symphonie.
Doch das Ende vom Lied ist sehr bald schon erreicht,
nur noch Sekunden, bis uns die Stille ergreift.

Bridge:
So sag ich es leise und singe es laut –
du nimmst mich gefangen – fährst mir unter die Haut.
Bist der Grund für alle Noten,
mit denen ich meine Stimme heb.
Bist der Grund, warum ich atme,
bist der Grund warum ich leb.

Doch das Ende vom Lied ist sehr – bald schon erreicht,
nur noch Sekunden, bis uns die Stille ergreift.

Strophe:
Das Ende vom Lied ist in Sekunden erreicht,
dabei brauch ich noch Stunden, um zu sag'n,
welcher Schönheit du gleichst.
Wie viele Strophen sind reine Fantasie?
Um wahr zu sein, wenn du erwachst,
brauche es Schultern, stark wie nie.

Refrain:
Doch das Ende vom Lied ist sehr bald schon erreicht,
nur noch Sekunden bis uns die Stille ergreift.

Bridge:
So sag ich es leise und singe es laut,
du nimmst mich gefangen – fährst mir unter die Haut.
Bist der Grund für alle Noten,
mit dem ich meine Stimme heb.
Bist der Grund, warum ich atme,
bist der Grund, warum ich leb.
Doch das Ende vom Lied ist sehr bald schon erreicht,
nur noch Sekunden, bis uns die Stille ergreift.

C-Teil:
Ich hoffe du bleibst bei mir, auch nach dem Ende vom Lied.

Refrain:
Doch das Ende vom Lied ist sehr bald schon erreicht,
nur noch Sekunden, bis uns die Stille ergreift.

Das Ende vom Lied ist nun letztendlich erreicht,
die Noten sind Ewigkeit, die Liebe vielleicht?

Hier ist Jetzt – 2017

Im Leben geht es irgendwie immer ums Ankommen. Aber
wo genau? Zuhause? Bei sich? Bei dem einen Menschen, der
gleichzeitig das Zuhause und das bei sich Ankommen abdeckt?
Diese Person habe ich 2012 gefunden. Ich glaubte nie an Liebe
auf den ersten Blick, dachte immer es wäre ein wachsender
Prozess, und dann fiel mein erster Blick auf Benedikt, und
jeder Zweifel an diesem Phänomen war weggewischt. Ein
wahrer Kennenlern-Klassiker, in einer Bar – nicht im Internet,
nicht durch Freundschaftsempfehlung, einfach durchs in sein
Blickfeld laufen. Und dann stimmt plötzlich alles und diese
eine Sekunde ist ein »Hier ist Jetzt« Moment. Alles scheint zu
stimmen, genau richtig zu sein, die Zeit bleibt stehen, alles,
was einen beschäftigt, beängstigt oder quält wird unwichtig
und verschwindet. Heute sind wir verheiratet (siehe Ehe für
alle 1 und 2 Kolumne) haben drei »leibliche« Fellkinder (Hund
BamBam, Katzen Buffy und Beyo – Stand August 2017 – bei
Ben weiß man nie, wann ein neues Fell einzieht) und dieser
»Hier ist Jetzt«-Moment ist nach all den Jahren immer noch
da. Denn er macht mich zu einem besseren Menschen, bringt
mich zum Lachen über meine eigene Dummheit, bringt mein

Herz zum Hüpfen, wenn ich ihn ab und an am Abend abhole und er aus der Masse an Menschen am Bahnhof langsam hervortritt und auf mich zugelaufen kommt.

Er ist der beste Teil meines Lebens und macht dieses komplett. Mich musste er nie überzeugen und die einzige Meinung, die neben meiner gezählt hat, war die meines Hundes Boog. Boog liebte Ben ebenso vom ersten Moment an und hat ihm freiwillig ein Stückchen Platz auf dem Sofa und im Bett freigeräumt, in seinem Herzen hat Boog nahezu eine Hälfte für Ben geräumt und ihn dort einziehen lassen. Boog wusste, dass ich für ihn den besten Stiefpapa gefunden hatte, den man sich wünschen kann. Und so haben wir nach vier gemeinsamen Jahren auch gemeinsam von unserem schwarzen Labrador Abschied genommen und sein Herz brach so wie meins – denn zu dem »Hier und Jetzt« gehören auch die Momente, die man nur zusammen erträglich machen kann.

Mittlerweile, zum Zeitpunkt als dieses Buch in den Druck ging, hatten wir einen schwarzen Labrador aus dem Tierschutz in unsere kleine, große Familie aufgenommen. Barkley, ein toller, anstrengender Kerl mit einer tragischen Geschichte und Happy End auf unserem Sofa und in unseren Herzen.

Hier ist Jetzt

Text: Hier ist Jetzt – 2017

Strophe:
Langer Atem – still geblieben –
weite Wege – fest das Ziel –
aufgestanden, um zu bleiben –
auch wenn einer von uns fiel.

Und ich drifte durch die Nächte –
werde dich bald wiedersehen –
seh dich jetzt schon in den Lichtern
seh dich Glitzern, bleib still stehen.

Bridge:
Lass uns träumen – so wie früher –
lass uns jeden Tag bestehen –
spar die Worte – zeig's mit Herzen –
lass mich niemals wieder gehen.

Refrain:
Denn Hier ist Jetzt– Hier ist richtig –
glaube mir, ich sterb für dich –
nur ein bisschen – bis du lächelst –
breit und ehrlich – dein Gesicht –
es sind Worte – viele kleine –
doch es müssten große sein –
dir zu sagen was ich fühle –
bette ich in Lieder ein – in Lieder ein.

Strophe:
Kurze Weile – laut erklungen –
knappe Stunden – wertvoll schwer –
hab gelebt, um dich zu finden –
mit dir bin ich endlich wer.

Und ich drifte durch die Nächte –
werde dich bald wiedersehen –
seh dich jetzt schon in den Lichtern –
seh dich Glitzern, bleib still stehen.

Bridge:
Lass uns träumen – so wie früher –
lass uns jeden Tag bestehen –
spar die Worte – zeig's mit Herzen –
Lass mich niemals wieder gehen.

Refrain:
Denn Hier ist Jetzt – Hier ist richtig –
glaube mir, ich sterb für dich –
nur ein bisschen – bis du lächelst –
breit und ehrlich – dein Gesicht –

Es sind Worte – viele kleine –
doch es müssten große sein –
dir zu sagen was ich fühle –
bette ich in Lieder ein – in Lieder ein –
Lieder ein – in Lieder ein.

Es war natürlich klar, dass jemand, der mich so zu neuen kreativen Dingen antreibt, auch einen kreativen Heiratsantrag verdient hat. So habe ich mit Benjamin Peters zusammen einen geheimen Song entstehen lassen, der dann bei einem der eher seltenen Auftritte der Vergangenheit als letzter gespielt wurde. Den musikalischen Antrag könnt ihr hier sehen:

https://youtube.com/watch?v=z8eLmYcJED8

Kapitel 12

Grimms Märchen 2.0

In diesem Teil des Buches möchte ich mich um ein, zwei der klassischen alten Schinken meiner lieben Brüder Grimm kümmern. Wie würde Hänsel und Gretel heute ablaufen? Was würde heutzutage beim Froschkönig in den Brunnen fallen? Ich selbst wurde lang genug vom Schatten der Brüder verfolgt, warum also nicht mal mein eigenes Licht darauf werfen. Ich bin mit Märchen groß geworden, also fett ... ja, als Kind wog ich 108 Kilo, die habe ich heute auch, aber damals war ich 1,20 Meter. Wie immer im Leben gilt, wer über sich selbst lachen kann, der darf es auch über andere – also dann ...

Es war mal wieder ...

Jeremy-Hänsel und Gretel-Chantal

In einem großen Hause mit 38 Mietparteien wohnte ein Forstwirtschafter mit seiner achten Frau und seinen zwei jüngsten Kindern, Jeremy-Hänsel und Gretel-Chantal (26 und 24,5). Als große Teuerung ins Land kam, konnte er sich sein monatliches Sky-Abo nicht mehr leisten. Wie er sich nun abends vor dem Sperrbildschirm des Bundesligaprogramms Gedanken machte und sich vor Sorge herumwälzte, seufzte er und sprach zu seiner Frau: »Was soll aus uns werden? Wie können wir unsere armen Kinder ernähren, wenn ich nicht mal Bayern gucken kann und du dir nicht jeden zweiten Tag die Nägel frisch machen lassen kannst?« – »Weißt du was, Mann,« antwortete die Frau, »wir wollen morgen in aller Frühe die Kinder hinaus zum IKEA Parkplatz führen, da wo das Chaos am Größten ist. Da machen wir ihnen ein Feuer an und geben jedem noch ein Stückchen Brot. Dann lassen wir sie allein, gehen leckere Hotdogs essen und die beiden finden den Weg nicht mehr nach Hause.

Gesagt, getan – doch leider hatten die beiden die Rechnung ohne das ALDI-Talk Guthaben auf Jeremy-Hänsels Smartphone gemacht. Schnell suchte er eine Route über Google Maps und machte sich mit seiner Schwester auf den Heimweg. Der Weg führte sie durch einen finsteren Wald. Zum Glück hatte Jeremy-Hänsels Handy eine Taschenlampenfunktion. Sie gerieten immer tiefer in den Wald und ihr Hunger wurde immer größer. Gretel-Chantal sagte: »Jeremy, mach ma Lieferheld!« – »Isch kann doch nischt hier in den Wald bestellen, Alte!« sagte er aufgebracht. »Boar, mach Selbstabholer, man!« Jeremy-Hänsel öffnete Yelp um nach einem Restaurant in der Nähe zu suchen. Die Taschenlampenfunktion hatte schon beinahe Jeremys Handyakku geleert, aber er konnte noch etwas finden, bevor der Bildschirm so finster wurde wie der Wald. »McKnusperhaus – 4,5 von 5 Sternen – Beste Bewertung: »Kann ich nur empfehlen. Leckere frische Filets von ausgesetzten Kind .... äh ... Hühnern. Yummy.«

Sie machten sich auf den Weg zu McKnusperhaus. Klang ja ganz nett die Bude. Es dauerte eine Weile bis sie zu einem Häuschen gelangten und als sie ganz nahe herankamen, so sahen sie, dass das Häuslein aus Chicken Nuggets gebaut und das Dach mit Beef Jerky gedeckt war, die Fenster waren aus feinstem Crystal Meth. »Da wollen wir uns dranmachen,« sprach JH, »und eine gesegnete Mahlzeit halten. Ich will ein Stück vom Dach essen, Chantal, du kannst vom Fenster essen, das schmeckt süß und knallt gut.« Jeremy reichte in die Höhe und brach sich ein wenig vom Dach ab, um zu versuchen, wie es schmeckte, und Chantal stellte sich an die Scheiben und knupperte daran. Da rief eine feine Stimme aus der Stube heraus:

»Knupper, knupper, Kneischen,
Wer knuppert an meinem Häuschen?«
Die Kinder antworteten:
»Joko und Klaas, ne, war nur Spaß!«

und aßen weiter, ohne sich irre machen zu lassen. Jeremy, dem das Dach sehr gut schmeckte, riss sich ein großes Stück davon herunter, und Chantal stieß eine ganze runde Fensterscheibe heraus, setzte sich nieder und tat sich wohl damit. Da ging auf einmal die Türe auf, und eine steinalte Frau, die sich auf eine Krücke stützte, kam herausgeschlichen. Jeremy-Hänsel und Gretel-Chantal erschraken so gewaltig, dass sie fallen ließen, was sie in den Händen hielten. Die Alte aber wackelte mit dem Kopfe und sprach: »Ei, ihr lieben Kinder, wer hat euch hierher gebracht? Kommt nur herein und bleibt bei mir, es geschieht euch kein Leid. Ich ab W-LAN und eine Playstation 4« Sie fasste beide an der Hand und führte sie in ihr Häuschen. Da ward ein gutes Essen aufgetragen, Milch und Pfannkuchen mit Zucker, Äpfel und Nüsse. Hernach wurden zwei schöne Bettlein weiß gedeckt, und Jeremy und Chantal legten sich hinein und meinten, sie wären im Himmel.

Die Alte hatte sich nur freundlich angestellt, sie war in Wirklichkeit eine Beraterin vom Arbeitsamt, die die beiden im Auftrag der Stiefmutter in eine Ausbildungsmaßnahme überführen sollte, damit sie bloß nicht mehr heimkommen. Nach drei Jahren Ausbildung hatte Chantal eine Festanstellung im Nagelstudio und Jeremy wurde von der Alten so gemästet, dass er einen Platz im Realty-TV bekam und bei Biggest Loser einen großen Karrierestart hinlegen konnte. Und wenn sie nicht gestorben sind, dann verdauen sie heute noch alles vom McKnusperhaus.

King Frogger

In den alten Zeiten, wo das Wünschen noch geholfen hat, lebte ein König, dessen Töchter waren alle schön; aber die jüngste war so schön, dass die Sonne selber, die doch so vieles gesehen hat, sich verwunderte, sooft sie ihr ins Gesicht schien. Jedes Mal dachte sich die Sonne, wenn sie der Prinzessin ins Gesicht ballerte: »Mit dem Gesicht müsste sie eigentlich zu Märchenwalds next Topprinzessin.« Nahe bei dem Schlosse des Königs lag ein großer dunkler Wald, und in dem Walde unter einer alten Linde war ein Brunnen; wenn nun der Tag recht heiß war, so ging das Königskind hinaus in den Wald und setzte sich an den Rand des kühlen Brunnens. Dank des WLAN-Repeaters im Schlosshof hatte sie selbst dort perfektes Netz und konnte von da aus ihren YouTube Kanal bespielen, »Prinzessin Biggis Beauty Palästchen«. Heute wollte sie ein Haul-Video ins Netz stellen um ihren Followern wieder ein tolles Produkt, das sie im Hexe Emma Laden gekauft hatte, vorzustellen.

Nun trug es sich zu, dass das goldene iPhone 18 der Königstochter ihrem Händchen keinen Halt mehr fand, da sie eine Feuchtigkeitscreme vorstellen wollte. Donnerhexchen, da war mal ordentlich Feuchtigkeit in der Creme. Und so fiel es das Handy in den Brunnen hinein und verschwand, und der Brunnen war tief, so tief, dass man keinen Grund sah. Da fing sie an zu weinen und weinte immer lauter und konnte sich gar nicht trösten. Und wie sie so klagte, rief ihr jemand zu: »Ey yo Prinzette, was geht ab? Heul leise!« Sie sah sich um, woher die Stimme käme, da erblickte sie einen Frosch, der seinen dicken, hässlichen Kopf aus dem Wasser streckte. »Ach, du bist›s, alter Wasserpatscher«, sagte sie, »ich weine über mein iPhone, das mir in den Brunnen hinabgefallen ist. Die Videoaufzeichnung war so gut gelungen und nun ist sie futsch.« – »Sei still und weine nicht«, antwortete der Frosch, »ich kann wohl Rat schaffen, aber was gibst du mir, wenn ich dein Spielwerk wieder heraufhole?« – »Was du haben willst, lieber Frosch, « sagte sie; »Ich kann Dir ein Like auf Deiner Froschbook-Seite hinterlassen oder Dich retweeten, Du kannst auch ein Feature in meinem neuen Video bekommen.«

Der Frosch antwortete: »Ich bin nicht mehr auf Froschbook, ich bin jetzt bei QuackChat, also danke, aber nein danke. Aber wenn du mich liebhaben willst, und ich soll dein Geselle und Spielkamerad sein, an deinem Tischlein neben dir sitzen, von deinem goldenen Tellerlein essen, aus deinem Becherlein trinken, in deinem Bettlein schlafen: wenn du mir das versprichst, so will ich hinuntersteigen und dir dein iPhone wieder heraufholen.« – Prinzessin Biggi war entsetzt: »Ähm, sorry aber bei Tinder würde ich dich wegwischen, warum sollte ich dich so in mein Bett lassen? Nein, das gibt nichts.« So blieb das goldene iPhone im Brunnen, der Frosch hüpfte wieder ins Wasser und uns allen blieb eine weitere YouTube-Prinzessin mit BigBrother-Anschlussgarantie erspart. Und wenn sie nicht gestorben ist, dann heult sie noch heute ihren Abonnenten nach.

Kapitel 13

Grimms Kolumne – Best of

Seit März 2017 darf ich als Kolumnist in der Tageszeitung NRZ meinen Gedanken freien Lauf lassen. Unter dem Titel »Grimms Kolumne« erscheint jeden Dienstag ein neuer Text über Alltägliches, Erlebtes, Erträumtes, Verpasstes und so manches Gedicht. Zugegeben, die Leser und ich, wir mussten uns erst aneinander gewöhnen. Ich schreibe eben wie ich spreche und denke. Manchmal um die Ecke und meist in abgeschlossenen Episoden, die doch viel Platz zur Interpretation offen lassen. Eine gewisse Angst oder Respekt hatte ich vor der Aufgabe schon, so hab ich zwar schon immer viel geschrieben, aber eine wöchentliche Kolumne war für mich auch Neuland. Schreibe ich Songtexte doch mal eben zwischen Dusche und Kaffee, so wusste ich nicht, ob es mit meiner Kreativität für tolle wöchentliche Ergebnisse reicht. Noch vor der ersten Ausgabe probierte ich mich also im gegebenen Rahmen von 1.645 Zeichen, die mir wöchentlich im Druck zu Verfügung stünden, aus. Und siehe da, es klappte. Auf den folgenden Seiten könnt ihr nun eine Auswahl einiger meiner Kolumnen nachlesen. Einiges hat Bezug zum Niederrhein – wenn ihr was erklärt haben wollt, schreibt mich an unter facebook.com/markusgrimm oder www.markusgrimm.com

Da der Platz in der Zeitung so beschränkt ist, werde ich hier im Buch noch dem einen oder anderen Kommentar zu einigen Kolumnen schreiben.

Viel Spaß
Euer Markus

Grimms Kolumne – Erste!

Mahlzeit, da sind wir jetzt also. Ganz unter uns. Nur Du und ich, lieber Leser. Also dann, nimm Dir nen Keks, setz Dich hin und stoß mit mir eine Runde an. Falls wir uns gerade morgens lesen, gern mit Kaffee, sonst nehme ich nen Prosecco. Nur keinen Hugo bitte, der Hype ist durch. Wow, eine eigene Kolumne. Wer hätte das gedacht. Ich nicht! Als ich damals im Kinderzimmer mit meinen Benjamin Blümchen Hörspielen saß und mir dachte: »Diese Karla Kolumna ist aber eine coole Socke. So will ich auch mal werden!« Nein, Spaß beiseite, Karla Kolumna war immer irgendwie nervig und drüber, aber sie war auf zack und hatte immer was zu erzählen. Puh, eine wöchentliche Kolumne, da muss ich dann wohl auch die Karla geben, um immer wieder was zu erzählen zu haben. Aber hier am Niederrhein passiert ja genug und neben Geschichten aus unserem Alltag möchte ich mich an »Märchen, die das Leben schrieb« heranwagen, ab und an zu meinen Wurzeln zurückkehren und Gedichte schreiben und gelegentlich auch online mit Dir in den Dialog treten. Schreiben war schon immer mein Zuhause, mein Ventil und ist heute die Grundlage für alle Projekte, die ich ins Leben heben darf. Alles beginnt mit einem leeren Blatt Papier und einem Bleistift, darauf darf ich ganze Welten erschaffen. Jetzt eben auch hier mit einer Kolumne. Beginnen und enden wir also mit einer kleinen Bestandsaufnahme:

Am Niederrhein, so sagt man sich,
da findest und verlierst Du Dich,
kannst über weite Auen waten,
versteckt sein unter Nebelschwaden
und manchmal, mit ein wenig Glück,
da gönnt er Dir ein kleines Stück,
von seiner Ruhe und dem Lärm.
Ach Niederrhein, ich hab dich gern.

Grimms Kolumne – Schnee am Niederrhein

Wir liegen meteorologisch schon an einer merkwürdigen Stelle. Irgendwie ist es egal was der Wetterbericht morgens plärrend aus dem Radio verkündet, am Niederrhein kommt es eh immer anders. »Heute fast wolkenfrei und sonnig.« Das heißt zwischen Moers und Xanten dann: »Es wird heute pissen wie Sau!« Es ist ja eben nur fast wolkenfrei und die eine nicht wolkenfreie Stelle ist wo? Genau, bei uns.

Und im Sommer, wenn die Hitze die Spitzböden der Reihenhäuschen zu einer spirituellen indianischen Schwitzhütte verwandelt hat und der Wetterbericht von Gewitter und Abkühlung predigt? Richtig. Nix! Da kannst Du alle Fenster auf »Durchzuch« stellen und wie der Saunameister mit einem Handtuch versuchen die Luft aufzuwirbeln. Kein Lüftchen. Aufguss bitte!

Wenn sie von Regen reden, was dann? Genau, dann kannst du davon ausgehen das es regnet. Wenn gerade keine Sommerhitze ohne Gewitter die Region im Griff hat, dann pisst es eben ganz gerne am Niederrhein. Außer Du verlässt dich auf die Aussage vom »heftigen Niederschlag« und verschiebst Deine dringende Gartenarbeit auf einen anderen Tag und buchst stattdessen einen Platz beim Indoor-Minigolf oder in einer echten Schwitzhütte – Bääm! – Sonne.

Einen Vorteil haben wir allerdings. Wenn der Wetterbericht von Schnee am Niederrhein spricht, dann läuft das ungefähr so ab: »Der Wecker klingelt, du steigst aus dem Bett und schaust aus dem Fenster – alles weiß – du holst deine Sachen aus dem Kleiderschrank, gehst Duschen, ziehst dich an, holst dir einen Kaffee, streichelst Deine Katze, Hund oder Frau/Mann, gehst aus dem Haus... alles weg! Was bleibt sind 8 Millionen Schneefotos auf Facebook mit dem Unterton: »Schnee am Niederrhein – ich war dabei« gepostet aus einer Schwitzhütte vor deren Fenstern es pisst wie Sau.

Ihr Markus Grimm

Stadtgedicht

Da mein kleines Gedicht am Ende meiner ersten Kolumne so viele schöne Reaktionen bekommen hat, möchte ich in dieser Woche mit einem Stadtgedicht in Langform nachlegen. Dieses hier ist über Moers, meine Heimatstadt, aber auch andere Städte am Niederrhein werden noch verdichtet:

Gastspiel

Da wo der Römer schon gastierte,
man sich nie vor Arbeit zierte,
da stehst du, Stadt am Niederrhein,
am Linken, um genau zu sein.

Bist nicht zu klein und nicht zu groß,
erzählst so viel, schweigst niemals bloß.
Hast viele Führer überstanden,
bist beim Aufstand mit uns aufgestanden.

Du lässt dem Träumer seinen Raum,
der Kritiker, der juckt dich kaum.
Du sahst so viele kommen und gehen,
um kurz in deinem Glanz zu stehen.

So bist du stur, hört man sie sagen,
man muss dich schon im Herzen tragen,
Du Grafenstadt am Niederrhein,
am Linken, um genau zu sein.

Dein Schloss ist Zeit und Zeichen.
Wer will dir das Wasser reichen?
Hast selbst genug das dich umgibt.
Du bist mein Moers, wirst hass geliebt.

Bin froh ein Gastspiel dir zu geben,
mein Leben hier bei dir zu leben,
du Heimat hier am Niederrhein,
am Linken, um genau zu sein.

Das Märchen vom schnellen Einkauf

Es war einmal ein »Oh, ich hab eine Zutat fürs Kochen vergessen.« gefolgt von einem »Ich geh das noch eben holen.« Wie
lang sollte es schon dauern? Nun ja, gefühlt zwei Mondpha-
sen. Dabei geht es nicht mal darum etwas vergessen zu haben,
sondern vielmehr um die Tatsache mit Hunger einen Laden zu
betreten. Das ist in etwa so, als würde man den bösen Wolf
auf ein All-you-can-eat-Geißlein Buffet loslassen. Irgendwo
zwischen dem Parkplatz und dem Unterschreiten der Ein-

gangslüftung zum Laden ist das vergessene Teil, nun ja, eben vergessen und man steht wie die unterzuckerte Version des Michelinmännchens im Bonbonladen vor den Regalen. Da kommen wir auch direkt zu einem weiteren Märchen, dem Märchen von »Ach Quatsch, ich brauch keinen Einkaufswagen, die Kleinigkeiten kann ich tragen.« und ehe man es sich versieht ist man in den Regalen auf der Suche nach einem leeren Karton, um seine überladenen Arme wieder freizubekommen. Egal wie sehr man sich auch anstrengt, der ursprüngliche Grund für diesen mal eben schnell Einkaufen-Trip will einem einfach nicht mehr einfallen. So lässt man sogar den eigentlichen Essenplan für den Abend hinter sich und gibt sich voll und ganz der Jagd nach Unnötigkeiten hin. Garantiert mit dabei, die zwei Packungen »Braucht man ja immer«-H-Milch, die sich dann später zu den bereits vorhanden vier Packungen im Vorratsschrank gesellen und die »Kann man ja zwischendrin mal machen«-Ravioli-Dose. Zuhause stellt man dann fest welche einfache Zutat man vergessen hat und dass man aus den gekauften Dingen kein einziges zusammenhängendes Gericht zaubern kann. Dann eben die »Kann man ja zwischendrin mal machen«-Ravioli-Dose. Guten Appetit. Ihr Markus Grimm

Kommentar: Ich habe mittlerweile dazugelernt und mir gegen überladene Arme so einen schicken Einkaufskorb zugelegt. Die sind mega praktisch und es passt von dem einen vergessenen Teil bis zum großen Tageseinkauf alles hinein. Blöd nur, wenn man das Teil zuhause stehen lässt, dann schleppt man wieder Kartons mit. Im nächsten Anlauf werde ich mir noch so einen Korb besorgen und diesen dann einfach im Kofferraum deponieren – ich könnte wetten, dann laufe ich zum nächsten Einkauf.

Learning by Scheitern

Ich bin nicht der beste Handwerker, aber mit Kreativität kann man einiges retten. Grobes bekomme ich gut verrichtet, bei Kleinkram fehlt mir oft die Geduld. So konnte ich eine wunderbare Bar für den Keller bauen, aber bei den kleinen Winkeln, um die Platte unsichtbar mit dem Unterbau zu verbinden, bin ich fast ausgerastet. Alles wackelte und kaum eine Schraube ließ sich ganz versenken. Wie heißt es nochmal »Learning by doing«? Das würde ja bedeuten, dass man es während der Umsetzung lernt und hinbekommt. Bei mir ist es eher »Learning by scheitern« – anfangen, versemmeln, durchatmen, neu beginnen. Die Römer haben in Xanten sicher auch mehr als einen Anlauf gebraucht, um etwas Überdauerndes zu schaffen, von dem am Ende auch nur Ruinen blieben. Also lieg ich mit meiner wackelnden Bar nicht schlecht im Rennen und noch meilenweit vorm Moerser Bahnhof. Fürs Grobe hat es da ja wenigstens schon gereicht. Scheitern und neu ansetzen kann auch etwas Gutes sein. Weg von der Mall, hin zu Wohnungen und kleinen Geschäften am alten Horten-Standort, um so den anderen Geschäftszentren vielleicht einen rettenden Bierdeckel unter die wackelnden Füße zu schieben. Bleibt zu hoffen, dass auch die Macher von mancher kulturellen Baustelle die Geduld finden, um alle lockeren Schrauben zu versenken. Das renovierte Moers Festival kann ein Winkel sein, um Niederrhein

147

und Weltruf wieder zu vereinen – die richtigen Schraubendreher scheinen nun ja am Werk zu sein. Aber am Ende wird darüber nicht an meiner wackelnden Bar, sondern am Stammtisch gerichtet und der überdauert selbst die Ruinen von Xanten.

Kommentar: Die Bar steht noch und sie steht sogar stabil. Ähnlich ist es dem Moers Festival ergangen, nach einem sehr gut gespielten Neustart unter neuer Leitung scheint das Festival nun auch wieder standfest zu sein. Schön, wenn es ein Stück gewachsene Kultur schafft gegen jedes Untergangsszenario zu bestehen. Der Moerser Bahnhof ist aktuell im Übrigen immer noch nicht fertig. (Stand Herbst 2017)

Freiheit den Socken

Es war einmal ein nicht mehr ganz so junger Mann, der sich mit einem Wäschekorb auf den Weg zur Waschmaschine begab. Er füllte T-Shirts und Socken in die Trommel. Er startete das Programm, sah der Maschine noch bei den ersten Umdrehungen zu und ging dann anderen Beschäftigungen nach. Später am Tag kehrte er zur Maschine zurück, um die Wäsche aufzuhängen und siehe da – etwas fehlte – Socken wurden ihrer Zweisamkeit entrissen und zwei traurige, einzelne Socken hingen schlaff über der Leine. Und wenn sie nicht gestorben sind, dann hängen sie da noch heute und warten auf die Rückkehr ihres

Partners. Wie kann das sein? Ist es ein Fall für Galileo Mistery? Mulder, Scully? Ich bin davon überzeugt, dass es ungefähr so abläuft: Das Programm startet, alles entspannt und dann, irgendwann zwischen dem ersten Spülgang und der Zugabe des Waschmittels, erklingt in der Trommel eine tiefe Stimme, unterlegt mit ritueller Musik: »Hör mich an junge Socke. Ich bin die älteste Tennissocke vom Stamm der einsamen Socken. Ich lebe seit Urzeiten hier im Namen des grauen Flusen. Du kannst frei sein!« Die Musik wird lauter. »Konzentriere dich, versuche dem Schwindel des Schleudermonsters zu widerstehen und dann, wenn wir zum Stillstand kommen, nutze den Moment. Schwimme zur Gummidichtung des Todes und wenn dann der Herr der Saugkraft seinen Schrei ertönen lässt, dann folge ihm und du wirst in den großen Kanal der Freiheit gesaugt. Auf der anderen Seite wird nie wieder ein Käsefuß von dir Besitz ergreifen.« Und die junge Socke folgte dem Ruf. So wird es sein oder ich hab einfach nur Socken unterm Bett vergessen.

Kommentar: Ich denke die Geschichte mit den verschollenen Socken ist uns allen bekannt. Habt ihr dafür eine andere Lösung oder Idee, wo die Dinger hin verschwinden? Dann her damit! Einfach an <u>*WoistdieSocke@markusgrimm.com*</u> *senden und wir gehen der Sache gemeinsam auf den Grund.*

Zufälle

Neulich erzählte ich meinem Gitarristen Felix von meinem Zahnarztbesuch. Eine ganz normale geplante Kontrolle ohne Zwischenfälle. Darauf erwiderte er, dass er nun eine Krone habe und dass es so nicht geplant war. Er habe sich an einem Kirschkern einen Zahn zerbissen. So weit, so normal. Also tragisch, aber durchaus ein bekannter und mir ebenfalls vertrauter »Dumm gelaufen«-Moment. Ich fragte ihn, wie es genau passiert war und er sagte: »Na ja, beim Essen eines Pfirsichkuchens.«

Puh, das kam jetzt überraschend. Die Kirschdichte in so einem Pfirsichkuchen ist ja nicht sonderlich hoch. Hatte zufällig die einzige auf dem Kuchen befindliche Dekokirsche eine hinterlistige Kirschüberraschung im Innern parat? Das wäre ja mal ein Zufall. Aber nein, die Nummer wurde noch skurriler. Freundin wollte einen Kirschkuchen backen, dabei ist ihr das Glas mit den Kirschen runtergefallen und so musste sie den Plan auf Pfirsichkuchen ändern. Wie der Zufall es so will, hatte sich aber eine Kirsche in den Teig gerettet. Nicht irgendeine Kirsche, sondern eben diese eine Kirsche, die es schon zuvor geschafft hatte, sich zusammen mit ihrem Kern im Glas entkernter Kirschen zu verstecken. Dann landet genau dieses Kuchenstück auf Gitarrist Felix' Teller und der Rest ist Geschichte – also der Zahn.

Das soll noch mal jemand sagen es gäbe keine Zufälle. Jetzt müsste man nur noch errechnen, um wieviel Prozent niedriger die Wahrscheinlichkeit ist, einen Pfirsichkern im Kirschkuchen zu finden. Mutter sagte immer: »Du musst ordentlich kauen!«

– Schlingen kann Zähne retten! Darauf einen Kürbis-Joghurt mit ganzen Früchten.

Von schreiendem Papier

Manchmal ist ein weißes Blatt Papier mein größter Feind. Selbst die digitale Variante, ein weißes Pixelblatt-Papier in meinem Schreibprogramm für den Rechner. Es starrt mich an, ungeduldig, bedrängend und manchmal auch furchteinflößend. Es erwartet, dass ich es fülle. Aber nicht einfach so, sondern am besten sinnvoll und mit Tiefgang. Als ob man jeden Tag etwas zu sagen hätte. Es gäbe so viel über das Chaos und all die Brandstätten der Welt zu erzählen, als Blogtext, als Artikel oder auch als Songtext. Aber gibt es das wirklich? Viel zu sagen? Haben das nicht längst alle da in diesem Internet erledigt? Halb oder ganz Anonym, aber von sich und ihrer Meinung überzeugt. Lohnt da eine eigene Meinung noch oder schreit das digitale Papier da im Internet mittlerweile so laut, dass niemand mehr eine weitere Stimme aus all dem Lärm um nichts und allem klar herauslesen könnte? Wenn sich doch nur die Ausrufezeichen und GROSSBUCHSTABEN aus diesem Internet ab und an mal fragen würden, ob man wirklich jeden Tag etwas zu sagen hat. Es wäre vielleicht etwas leiser und etwas geordneter da draußen oder drinnen, je nachdem von wo man die Sache betrachtet.

Manchmal, ja manchmal lass ich das Papier einfach weiß, lege es zur Seite und denke darüber nach was ich zu sagen habe, nicht heute aber vielleicht morgen. Denn ein größerer Feind als ein weißes Blatt Papier ist ein Blatt, das man selbst beschmiert hat mit noch mehr Ausrufezeichen und GROßBUCHSTABEN, die man all den erhobenen Zeigefingern gerne mal entgegen schreiben würde. Reden ist Silber, Schweigen ist Gold und GROßBUCHSTABEN sind blöd!

Alles Nichts Oder?!

Seit im Herbst 2013 ein Sturm über Moers fegte und unsere Satellitenschüssel aus der gewohnten Empfangsbahn warf, leben wir ohne lineares Fernsehprogramm. Als wir uns 2016 ein Haus kauften, ließen wir über Kabel unser Internet aufschalten. Auf die Frage nach Fernsehempfang über Kabel folgte bei uns nur ein müdes Lächeln und ein »Danke, aber nein danke!«. Wir waren schon lange fertig mit all dem Schund, der in Häppchen zerlegten Verdummung, der einfallslosen, auf immer neue Tiefpunkte ausgelegte Unterhaltung. Anders als beim Versuch mit dem Rauchen aufzuhören gab es keine Entzugserscheinungen. Alles, was an wichtigen und gewichtigen Inhalten gesendet wird, bekommt man so oder so in den Social Media Kanälen als Link geliefert. Böhmermann zum Beispiel oder die wenigen anderen Formate mit Format und das Dschungelcamp. Die 95 Prozent Müll sind einfach weg. Die beste Diät meines Lebens. Das mit dem Dschungelcamp ist so etwas wie der CheatDay an dem man alles Essen darf. Aber kein Schwiegerbauer sucht Frau/Mann/Auswanderer mehr, kein gescripteter mein Nachbar hat meine Gartenzwerg umgetreten Laiendarsteller Quatsch mehr. Nichts, nur himmlische Ruhe und Netflix. Selbstbestimmte Abendgestaltung mit Vielfalt ohne mutloses deutsches Werbefernsehen. Läuft! Geben wir es doch zu, seit den überlangen »Wetten, dass«-Abenden der frühen 90ern ging es doch nur noch Berg ab. Nichts konnte uns jemals wieder dieses gut unterhaltene Gefühl geben, das wir hatten, als wir im Schlafanzug mit einem Kakao in der Hand auf Gottschalk gewartet haben. Okay, »Alles Nichts Oder?!« war sehr gut – heute ist es alles nichts, oder?

Die kleine Schwester Nett

Meine Mutter sagte immer man solle freundlich zu andern sein. Zu den Standards gehörte dabei zum Beispiel im Bus für ältere Menschen aufzustehen, damit sie sitzen können. Wenn man sieht, dass jemand schwer zu tragen hat, einfach mal Hilfe anbieten. Im Supermarkt an der Kasse jemanden mit wenig Teilen einfach vorlassen, während man selbst noch den vollen Einkaufswagen auf das Band entleert. Das hab ich alles gemacht – immer. Pfadfinder, ohne jemals Pfadfinder gewesen zu sein – einfach so – nicht mal aus christlicher Nächstenliebe, sondern aus einen angezogenen Anstand. Den kann ich nun offiziell in die Tonne treten. Ich bin jetzt 38 Jahre alt und mir begegnen nur noch Menschen, die scheinbar nie eine solche Erziehung genossen haben und zudem der Generation meiner Mutter angehören, der Generation, die immer diesen Respekt vor anderen gepredigt hat. Was läuft da falsch? Warum plötzlich so in Eile, so im eigenen Ich gefangen und trotzdem mit dem Zeigefinger wild auf die bösen anderen zeigen? Man zeigt nicht mit nackten Fingern auf angezogene Leute, noch so ein Satz meiner Mutter. Es gab da noch so einen Satz meiner Mutter: Wie man in den Wald ruft, so schallt es heraus. Das alles ist ein Geben und Nehmen und ihr Lieben, seid nett zu unserer Generation, ihr habt euch die Taschen an Nettigkeiten einfach zu voll gestopft. Ja, die Welt da draußen ist chaotisch, schnelllebig und steuert mit mehr Knoten auf einen Eisberg zu als die Titanic, aber jetzt atmet doch bitte mal durch und erinnert euch daran was Mutti immer gesagt hat: Zwei Worte werden dir viele Türen öffnen. Bitte und Danke.

Kommentar: Es gibt auch noch zwei andere Worte, die in deinem Leben viele Türe öffnen werden: ziehen und drücken.

Ehe für alle

Diese Woche darf ich meinen ersten Hochzeitstag begehen. Gut, so schön einfach heißt es dann doch nicht, sondern Jahrestag der eingetragenen Partnerschaft. Genau, ich bin mit einem Mann verheiratet, verpartnert für die ewig gestrigen, verheiratet für mich, weil es einfach eine tolle Hochzeit war, die wir da vor einem Jahr im Kreise der Familie und mit allen Freunden zelebriert haben. Ich habe den Menschen geheiratet, der mich komplett macht, der mit mir ein Zuhause gebaut hat, für uns und unsere Tiere, der viele meiner Leidenschaften teilt und in einigen sogar einfach viel besser ist als ich oder mich besser macht. Ganz simpel, spießig, wie bei jeder anderen Ehe eben auch. Im Alltag ist manche Gleich- und Ungleichheit spürbar. Die Rechnungen der Fernwärme laufen auf Eheleute Grimm, die vom Schornsteinfeger noch auf Eigentümergemeinschaft. So ist das eben. Da ist noch ein feiner Unterschied und wenn es nicht wenigstens diese Partnereintragung gäbe, dann würde mein Mann im Falle eines Unfalls vor der Türe des Krankenhauses abgewiesen. Ich frag mich, wem genau unsere richtige Ehe im Weg stehen sollte? Für mich ist dieses Beziehungsmodell Normalität und für unser Umfeld auch nichts Gewagtes oder Fremdes. Ich hab mir doch nicht ausgesucht wie ich liebe, aber ich will mir auch nicht vorschreiben lassen, wie ich diese Liebe etikettieren soll. »Ich bin verheiratet und das ist auch gut so.« Und jetzt kann ich mir leider nicht weiter Gedanken machen über was normal ist und was nicht. Ich muss mir Gedanken über ein Geschenk zum Hochzeitstag machen – ganz normal halt.

Kommentar: Diese Kolumne schrieb ich genau zwei Wochen vor der Öffnung der Ehe. Somit musste ich natürlich mit »Ehe für alle 2« noch einmal nachlegen – siehe zwei Seiten weiter...

Der gläserne Kunde

Ich bin ein moderner Mensch, ich bin mit der fortschreitenden Digitalisierung aufgewachsen und nutze jeden dadurch entstandenen Vorteil. Früher reiste ich stundenlang viele Kilometer, um meine Musik zu produzieren, heute geht das Zuhause, die Gitarre wird eingespielt und dann per Datentransfer bis nach Lörrach gesendet, dort wird das Klavier gespielt und dann gehe ich ins Studio, um alles einzusingen. Danke digitale Welt. Ich kaufe gern gemütlich in der Stadt ein, einiges kaufe ich digital im Netz. In der Stadt verzichte ich auf Bonusprogramme, da ich einfach keine Lust habe für »Sammeln sie Punkte? Haben Sie Payback?« Zeit an der Kasse zu verschwenden. Dabei geht es eh nur um Profile zum Kaufverhalten, stört mich auch nicht, ich bin ja beim Onlineeinkauf auch gläserner Kunde. Bei Amazon und Co. geht alles einfach und schnell – alles verknüpft und mit wirklich guten und durch mein Verhalten perfekt auf mich zugeschnittenen Angeboten. So verpasse ich nie eine neue Folge der Drei -???-Hörspiele, muss nicht lange nach den passenden Patronen für den Drucker suchen, da man weiß, was ich kaufe. Aber jetzt hat dieses System leider einen Totalabsturz. Mein bester Freund, Boog unser Labrador, hat Krebs und durch die Tabletten ist es schwer mit dem Wasser halten. Also bestellte ich eine wasserfeste Unterlage fürs Bett, da er trotzdem nachts bei uns sein mag. Und schwups, hab ich mir, dem gläsernen Kunden, einen falschen Pantoffel angezogen. Jetzt bekomme ich nur noch Werbung für Blasentee und Herrenwindeln. Die Windeln immerhin in meiner Größe – man weiß ja, was ich sonst so kaufe. Danke digitale Welt.

Ehe für alle 2

Da ist sie also – die Ehe für alle. Vor zwei Wochen habe ich noch darüber nachgedacht und in meiner Kolumne sinniert, was sich dadurch ändern würde. Und nun? Ist uns der Himmel auf den Kopf gefallen? Gut, die Regenflut in Berlin könnte man durchaus als Zeichen werten. Ähnlich glaubwürdig wie die unzähligen anderen Aluhut-Theorien. Strahlen jetzt nur noch Regenbögen am Himmel? Nicht mehr als vorher durch diesen breit- und ausgetretenen Einhorn-Trend schon verbreitet wurden. Haben wir keine anderen Sorgen? Doch haben wir und nun können diese angegangen werden, ohne die Befürchtung von diesem langjährigen und längst überfälligen Thema überlagert oder gar verdeckt zu werden. Denn, wenn es leiser wird im Wald, dann kann man auch die Vögel mit den nicht so kräftigen Stimmen hören. Keine Sorge, die Spießbürger müssen ihren Spieß jetzt nicht ehelichen, der steckt ja eh so tief und fest, dass er automatisch als eingetragene Partnerschaft auf Lebenszeit gewertet wird. Glückwunsch. Es war eine Gewissensentscheidung und ich kann gewiss sagen, dass ich zum zweiten Mal durchatme. Als ich entdeckte, dass Mädchen nicht meine Kragenweite sind, da war §175 noch aktiv und jedes Verlieben eine Straftat. Nicht, dass es schlimm genug gewesen ist, mit 14 Jahren sich selbst als nicht normal gewertet im Leben zurecht zu finden, aber dass es gar verboten war, ein doppelter Genickbruch. Im selben Jahr wurde der Paragraph abgeschafft und 23 Jahre später ein Wort mit drei Buchstaben zur Realität für alle Liebenden. Was für eine Reise! Jetzt lasst uns weiter machen – es gibt noch einiges zu tun, für alle.

Die schwarze Liste

Neulich kam mein Mann nach der Arbeit nach Hause, hängte seine Nase in die Luft und ließ folgenden Satz fallen: »Puh, was ist das? Versuchst Du wieder zu kochen oder ist der Mops in ein Häufchen getreten?« Treffer – versenkt! Ja, ich war in der Küche und gerade am Kochen und damit sind meine Kochkünste grob umrissen. Ich liebe es zu kochen und neue Dinge zu probieren, dabei kommt es in 98% aller Fälle zu absoluten Reinfällen. Die restlichen 2% sind aber sehr gelungene Mahlzeiten, so wie meine Ente Orange – einmal perfekt, nie wieder erreicht. Aber ich ziehe mich immer noch an diesem Erfolg hoch und ermutige mich so zu neuen Kochabenteuern. Nein, seine Kritik meiner Kochkunst ist kein Streitgrund, sondern eher eine von unseren kleinen Neckereien, bei denen wir oft und viel Lachen. Er führt eine schwarze Liste mit Dingen, die er nicht mehr vorgesetzt bekommen mag, diese könnte ein eigenes Anti-Kochbuch füllen. Erbsen und Hackfleisch stehen ganz oben auf der Liste, doch schaffe ich es immer ihm davon etwas unterzujubeln, im Gemüserösti mit Hackfleisch zum Beispiel. Kreativ bin ich ja. Er hat mittlerweile Chili in jeder erdenklichen Form im Haus, um meine Experimente nachzuwürzen, damit nichts von der ursprünglich erdachten Geschmacksrichtung übrig bleibt. Zu einer meiner letzten Kreationen servierte ich eine Flasche Fruchtspritzer Birne. Beim Einkauf entdeckt und das Getränk für interessant befunden. Seine Reaktion: »Wie man einen guten Wein zu gutem Essen anbieten würde, so würde man dieses Getränk zu dem anbieten was Du kochst.« Ich habe eine halbe Stunde Tränen gelacht. Morgen mach ich Erbsen-Bolognese!

Kommentar: Was sind eure wilden Eigenkreationen auf dem Teller? Ich steh zum Beispiel total auf Brötchen mit Erdbeermarmelade und Ei. Da geht mein Mann direkt laufen, weil er die Kombi nicht versteht. Und ihr so? Was ist die Kombination eures Lebens, die kein anderer nachvollziehen kann? Schreibt mir an mirschmeckts@markusgrimm.com – vielleicht probier ich das ein oder andere ja mal aus und berichte über das Erlebnis.

Schreiben nach Zahlen

Ich habe hier jeden Dienstag einen ungefähren Platz von etwa 1645 Zeichen. Dies ergibt einen Schnitt von 265 Wörtern und 250 Leer- und Sonderzeichen. Diese 1645 Zeichen inklusive aller Leer- und Sonderzeichen ergeben meine Kolumne. Ungezählt sind mein Stirnrunzeln und Kopfkratzen, wenn ich am Ende der kurzen Geschichte wieder bei 1780 oder gar 2000 Zeichen angelangt bin. Kopfkratzen? Ja, ich muss nun mal jede neue Geschichte auf eben diese 1645 Zeichen herunterbrechen – schreiben wir lieber kürzer, das andere Wort braucht zu viel Platz – nach der erreichten Anzahl Zeichen geht es eben nicht weiter, da endet im Druck meine Bühne für den geschriebenen Moment. Also herunter … ähm kürzen. Dabei gibt es viele Dinge, die mehr Raum brauchen würden, gar ganze Seiten füllen könnten. Doch so lerne ich nach und nach, wie ich mich kurz fasse, mich aufs Wesentliche konzentriere und erreiche, den Kern einer Geschichte zu transportieren. Eine Art Wörterdiät, Wort Watchers oder imakeyoukurzundknackig.com – würde vielen aufgebauschten Geschichten, die als News daherkommen, ebenfalls ganz gut tun. Donald Trump schafft es ja auch in 140 Twitter-Zeichen ganze Welten einzureißen, warum sollte es da nicht gelingen, die Welt in ebenso wenigen Zeichen etwas besser zu machen? Versuchen wir es einmal: »Ich wünsche Dir eine schöne Woche. Viele Grüße an Deine Lieben.«

Dieser kleine Einwurf hat genau 65 Zeichen und ausgesprochen sicher die Wirkung einer ganzen Seite. »In der Kürze liegt die Würze«, durfte ich mir als Kind oft anhören, wenn ich wieder anfing Geschichten zu erzählen. Und damit enden wir heute bei genau 1645 Zeichen.

Kommentar: Gut, dass ich mich hier im Buch frei austoben darf und somit nicht auf Zeichen achten muss. Es war nicht immer leicht in der Kürze der Zeichen die ganze erdachte Geschichte zu erzählen, genauso, wie es schwer ist, in einem 3:30 Minuten Song die ganze Story zu einem Lied zu erzählen. Daher kam die Idee zu diesem Buch hier, um einfach mal die Geschichten hinter und zu den Liedern ausführlich zu beschreiben. Trotzdem bin ich der NRZ dankbar für meine wöchentliche Bühne aus 1645 Zeichen.

Ein Weg von Wert

Manchmal fällt es mir schwer an meine Wege als Künstler zu glauben. Nicht weil ich nicht auf eine Reihe toller Veröffentlichungen und laufender Projekte schauen kann, eher weil immer nur das nächste große und tolle Projekt zählt. Ein neues Buch, eine neue CD scheinen nach Veröffentlichung schneller an Bedeutung für einen selbst zu verlieren, wie ein Neuwagen an Wert nachdem die Schilder befestigt sind. Ähnlich wie dieses Glücksgefühl, das sich im Körper ausbreitet, wenn man nach

einem gelungen Auftritt von der Bühne geht. Der Puls, ange-
trieben vom Applaus, nahezu galoppierend. In der Garderobe
dann Stille und eine Art Ebbe, die den Applaus weit hinaus aufs
Meer führt. Dann ist da noch dieses Damoklesschwert, welches
mein Vater in Schwung gesetzt hat. »Lern was Vernünftiges,
das ganze andere Zeug ist brotlose Kunst.« Ich habe immer versucht beide Welten zu bedienen und alles in Waage zu halten.
Dafür hab ich viele Dinge, die ich selbst chancenreich beurteilt
habe, hinten angestellt. Vielmehr in Schubladen abgelegt und
vergessen, wo sie lagen. Den Kopf so voller Ideen und keine
Karte, die einem verrät, welche an einen weiteren schönen Ort
führt, der die Gefühlsebbe wieder in eine Flut verwandelt. Ich
habe meinen Leuchtturm gefunden, meine Familie, die mir
einen Blick in die Weite ermöglicht und mich zu neuen Reisen
ermutigt. Ob wir auf dem richtigen Weg sind, sehen wir erst,
wenn wir bis zum letzten Schritt gegangen sind. Dort zeigt sich,
ob sich der Weg gabelt oder in eine Sackgasse führt. Wenn er
sich gabelt, dann beginnt die Frage von neuem: »ist dies der
richtige Weg?« Am Ende war es der Weg, dem der wahre Wert
innewohnte.

*Kommentar: Auf diesem Weg liegen viele Bücher, CDs und Lied-
texte hinter mir. Dieses Werk hier ist sozusagen der musikalische
Stationenlauf der bisherigen Wegmarkierungen. Ich habe vor,
den Wert dieses Buches in Ehren zu halten. Wie? Wir werden
mit den Geschichten und der Musik auf die Bühne gehen. Kleine
Geschichtensänger-Abende daraus machen. Vielleicht sieht
man sich ja mal in der Nähe und tauscht sich über verschollene
Socken, 21,5 Stunden Freiheit und legale Kindheitsdrogen aus.
Darauf ein Malzbier mit Strohhalm.*

Was bisher geschah

Wir erinnern uns doch alle an Frau Holle, den namenlosen Prinzen der Dornröschen rettete, das mutige Aschenputtel oder Rumpelstilzchen. Das ein oder andere Mal hat man sich bereits Gedanken darüber gemacht, was mit diesen Figuren nach ihrem »und wenn sie nicht gestorben sind, dann leben sie noch heute«-Ende geschehen sein mag. Haben sie sich niedergelassen, Kinder bekommen und einfach glücklich gelebt? Wie kommt Frau Holle mit der globalen Erwärmung zurecht? Wie oft muss sich das Aschenputtel die Füße waschen, da man durch den gläsernen Schuh einfach alles sieht und man die Teile nur schlecht mit Socken tragen kann. Hat Dornröschen eine Spindelphobie als Überbleibsel des hundert Jahre Schlaftraumas? Bei all den Gedanken über das Danach, stelle ich mir aber auch die Frage nach dem Davor. Also, wie wurden die Figuren zu dem, was sie direkt nach dem »Es war einmal« erleben sollten? Wenn Du ein Typ bist, der einfach Stroh zu Gold spinnen kann und damit dich selbst und andere versorgen könntest, warum wirst du dann zu so einem kleinen Biest, Rumpelstilzchen? Welchen Bockmist muss der Prinz verzapft haben, dass ihn die Hexe als Frosch zu Sozialstunden im örtlichen Brunnen verdonnert hat? Von welcher Konditoren-Architekten-Schule ist die Hexe geflogen, die sich danach ein Lebkuchenhaus auf eine

Lichtung gestellt hat? Dann wäre da noch dieser ungeklärte Serienkiller-Fall. Ein Psycho rennt im Märchenwald umher und killt alle Mütter. Wie wäre es sonst zu erklären, dass fast alle Kinder im Märchenwald eine böse Stiefmutter haben? Fragen über Fragen. In meinem kommenden Buch werde ich Antworten suchen. Gehabt euch wohl.

Kommentar: Und da sind wir nun – auf der Suche nach Antworten. Warum könnte der Prinz verflucht worden sein? Was ist Rumpelstilzchen in früher Jugend passiert und geht Dornröschen in Therapie? Falls ihr Antworten habt, einfach an eswareinmal@markusgrimm.com – dann gehen wir gemeinsam auf die Suche nach einer lichtbringenden Lichtung im Märchenwald.

Die Wetter-Willkür

Nur mal eben schnell den Rasen mähen. Eine super Idee, immerhin scheint ja die Sonne. Alles aus der Garage geholt, alles vorbereitet, angeschlossen, gerade den ersten frisch gemähten Streifen durch die wuchernde Wiese gezogen und siehe da: es kommt ein spontanes Gewitter zu Besuch. Wie viele Menschen wohl aus Wut über die niederrheinische Wetter-Willkür an einem Stromschlag im Garten verstorben sind?

Berühmte letzte Sätze: »Die Ecke schaff ich noch bevor es richtig anfängt.« oder auch: »Geht schon. Das wird gleich wieder hell.« Ja, Blitze können hell sein. Also lieber aufgeben als vom Blitz beim Sch… ähm Mähen getroffen zu werden. Alles wieder verstauen und sich noch schnell einen nassen Hintern holen beim Versuch alles ins Trockene zu retten. Gerade hat man sich hinter der Terrassentüre notdürftig ebenfalls trocken gelegt, da kommt was? Genau, die Sonne. Ach Niederrhein, irgendwas läuft da falsch in unserer Kommunikation. Mein Zeitmanagement passt einfach nie zu deinen himmlischen Ebbe- und Flut-Zeiten. Während man nun wartet bis die Wiese wieder einen schnittfähigen Trockenheitsgrad erreicht hat, kann man beinahe dabei zusehen wie der eine frisch gezogene Mähsteifen wieder zu wuchert. Das leise fluchende »Ach komm, dann mach ich eben morgen weiter« hört der niederrheinische Wettergott im Übrigen immer ganz genau. Sonst wäre nicht zu erklären, wo die drei darauffolgenden Regentage herkommen. Nun ja, so eine wilde Wiese hat ja auch Charme, nicht?! Ich nehme mir fest vor ihn zu erwischen, den Vier-Stunden-Sommer der kommenden Woche.

In Stimmung bringen

Gestern hatten wir den Klavierstimmer im Haus. Udo, ein angenehmer Mensch mit brennender Leidenschaft für seine Berufung und vielen Geschichten über Klaviere, Flügel und Brennholz mit Saiten an unterschiedlichsten Orten, Bühnen, privaten Haushalten und Konzerthäusern. Ich höre ihm gerne zu, während er seine Sätze immer wieder unterbricht, um eine Taste anzuschlagen und sie mit dem Stimmhammer in die richtige Stimmung zu bringen. Ein Stunde lang lausche ich den Erzählungen von edlen Klavieren, die frisch restauriert ihren Weg zurück auf die große Bühne finden. Unser Brennholz mit Saiten wird solch einen imposanten zweiten Frühling nie erleben, doch immerhin haben wir es aus dem Regen eines Hochhausbalkons in unser Studio gerettet, um ihm hier wenigstens einen klangvollen Lebensabend zu geben. Und Udo, ja der hat dem alten Kasten wieder eine Stimme gegeben, die Filze erneuert, die Tasten gereinigt und neu gelegt, die Mechanik überholt und nach und nach langsam wieder auf die gewünschte Tonhöhe geschraubt. Was mir diese Stunde gegeben hat, außer einem wieder angenehm klingenden Klavier? Ruhe vor dem Lärm und den immer lauter werdenden Versprechungen aus allen politischen Richtungen kurz vor der Wahl. Ich weiß längst wo ich mein Kreuz mache und wo auf keinen Fall. Da muss mich niemand noch kurz vor knapp mit neuen Enthüllungen versuchen auf seine Seite zu ziehen. Eine Stunde mit Udo, dem Klavierstimmer, an unserem alten Klavier – Stimmungsmache der angenehmsten Art. Vielen Dank.

Der Morgen danach

Am Wochenende stand ich wieder ist dem Projekt Grimm trifft Grimm auf der Bühne. In der Duo-Formation bringen wir musikalische Märchen der Brüder Grimm in einer großen Portion Comedy und Improvisation auf die Bretter. Nach den letzten Worten über die zeitgemäße Fassung von Hänsel und Gretel – in diesem Falle Jeremy-Hänsel und Gretel-Chantal – wurden wir mit einem langen und tosenden Applaus von der Bühne in die Nacht verabschiedet. Am anderen Morgen, nachdem man im träumerischen Halbschlaf den letzten Auftritt noch einmal nach Fehlern und Highlights durchgegangen ist, da ist dann plötzlich nur noch eines; Stille. Eine Stille, die bedrohlich leise ist, die ein Leere im Gepäck hat, die wie kalter Rauch aus einem vergessenen Aschenbecher die Nase hoch steigt und versucht, alle schönen Gerüche und Erinnerungen zu überdecken. Dieser Moment zwischen Aufstehen und im Tag ankommen, er ist gespickt mit Selbstzweifel und eben dieser Stille. Man wünscht sich die ewigen Sekunden nach dem letzten Takt des Bühnenprogramms zurück, um noch mal diese Anerkennung für das Geleistete einatmen zu können – aber es dauert ein paar Tage, im besten Fall Stunden, bis man eben wieder auf der Bühne steht und auf den verdienten Applaus hinarbeiten kann. Was diese Stille besiegt? Meine Familie, mein Mann, meine Tiere und unsere Freunde. Denn zwischen Aufstehen und im Tag ankommen, da begegne ich ihnen – sie geben meinem Tag neue Töne und Klänge und lassen die Stille vergessen, die da so bedrohlich im Graben hinter der Bühne lauerte. Ich bin dankbar dafür, denn diese Stille hat viele andere bereits verschlungen. Ihr flüstert sie fort.

Kapitel 14

Auszug aus dem TageBoog

Ich hatte das große Glück achteinhalb Jahre von dem großartigsten Tier begleitet zu werden, dem ich je begegnet bin. Das große Pech daran waren ebenfalls die achteinhalb Jahre, hätte dieser herzensgute Labrador, der zwei Katzen und einen Mops zu liebenswerten Tierwesen erzog und mich zu einem besseren Menschen gemacht hat, doch ein ganzes Hundeleben verdient und nicht nur diese verkürzte Version. Alle, die mich auf Facebook und Instagram verfolgen, kannten ihn und seine Geschichten. Er war immer da wo ich war und er war mein Lebensretter. Er kam zu mir als ich am Boden lag und keinen wahren Grund hatte am Morgen aufzustehen, niemand wollte mit mir als Künstler arbeiten, da ich meine Zeit angeblich hatte und egal welches Projekt ich aus eigener Kraft stemmte, niemand wollte es verwerten. Durch ihn hatte ich einen Grund aufzustehen, denn so ein Welpe muss nun mal vor die Türe. So kam ich wieder in einen geregelten Tagesablauf und am Ende auch wieder an frische Ideen und zurück an die Tasten und das Mikrophon. Sechs Bücher, drei Alben und unzählige Texte für Kinderlieder später begann ich mit der Arbeit an diesem Buch und muss es nun ohne ihn zu Ende bringen. Hinterhältig hatte der Krebs seine Schnauze befallen und nachdem wir trotz Operation keine Chance hatten, mussten wir ihn im Juni 2017 nach achteinhalb Jahren gehen lassen. Er war mein bester Freund, mein Seelenhund und hat das Herz von jedem erobert, der ihn kennenlernen durfte. Damals hat er dafür gesorgt, dass ich weiter mache, heute mache ich weiter, um das Geschenk, mit ihm einen schönen Teil des Weges geteilt zu haben, in Ehren zu halten. Ich hatte 2009 angefangen unser gemeinsames Leben festzuhalten, in kleinen Geschichten, dann kam uns das Leben dazwischen und wir haben es ausgekostet. Hier also ein paar kurze Momente aus der Anfangszeit unseres viel zu kurzen gemeinsamen Lebens.

Liebes Tagebuch – ach Quatsch, ich meine: Liebes TageBoog,

manchmal dauert es lange bis man so etwas wie Erkenntnis findet. Ein Stück Wahrheit oder einfach nur eine wertvolle Erfahrung, die einen weiterbringt. Manchmal kommt diese Erkenntnis nur zu Stande, wenn dich jemand mit seiner Nase direkt darauf drückt. In meinem Fall jemand mit einer kleinen schwarzen und immer feuchten Nase. Boog, unser kleiner Labrador. Das sind ein paar seiner Geschichten, unser gemeinsames Leben – der Hund, der Künstler und der tägliche Wahnsinn.

TageBoog Teil 1 – Eine Rückbank voller Gelassenheit

Er war eine Überraschung. Ihr wisst schon Überraschungen sind die kleinen Dinge des Lebens, die einem das Leben oder eine vertraute Person schenkt. Nun gut, bei dieser Überraschung hänge ich mit einer 200 € Selbstbeteiligung mit drin, aber sie kam trotzdem überraschend. Wobei ich zugeben muss, dass überraschend vielleicht etwas übertrieben ist. Über drei Jahren durfte ich mir bei jedem Werbespot mit einem Hund, bei jeder Tierdoku in der ein Hund vorkommt und auch bei jedem Werbeprospekt, auf dem ein kleiner Hund freundlich in die Kamera hechelt von meinem damaligen Lebenspartner anhören: »Oh wie süß ist der denn! Findest du nicht, dass es Zeit wird, dass wir uns auch einen kleinen Hund zulegen?«

Meine Antwort? All die Jahre immer die gleiche: »Du weißt doch, ich bin zu viel unterwegs. Ich bin immer nur auf der Autobahn, im Studio, bei Drehtagen oder in anderen Ländern auf Veranstaltungen. Du musst arbeiten und hast Schichtdienst. Wie soll das gehen? So sehr ich Tiere mag, aber mein Alltag lässt es nicht zu.« Das galt zumindest für Hunde. In den letzten Jahren haben wir uns immer weiter gesteigert. Zuerst hatten wir pflegeleichte Mäuse namens Pop und Corn. Kurze Zeit später folgten die beiden Hamster Teddy und Freddy und danach kamen Moppel und Fatty, unsere beiden Hasen. Von all unseren Mitbewohnern lebte nur noch Hase Moppel. Klein, weiß, flauschig und neugierig wie ein ganz Großer. Seitdem ich Popstars gewonnen hatte, war mein Leben eine einzige Autobahnfahrt und für größere Tiere war halt keine Zeit. Nein, jetzt kommt nicht die Nummer mit der Überholspur. Natürlich gab es Zeiten, wo ich auf fünf Parties gleichzeitig tanzte und zwischen Bravo Supershow und The Dome hin und her flog. Aber irgendwann ist es mit so einer Band vorbei und dann kommt erst mal der Standstreifen. Das dann aber auch ohne Warnblicklicht und ebenso ohne Hilfe vom ADAC. Dann steht man da und weiß erstmal nicht wie der Motor wieder anspringen soll und man im Musik- und Medienbereich wieder Fuß fassen soll. Was daraus folgt?

Ein Leben ohne Rast und Ruhe und auf der anderen Seite ein Leben, in dem Tage einfach vorbeiziehen, weil man keine Kraft mehr findet, einen Sinn zu sehen und aufzustehen. Eben ein Leben in dem man sich Urlaub, lange Pausen und einen Hund nicht erlauben kann. Zum einen aus Kostengründen und zum anderen weil man eben jede noch so schwachsinnige Chance auf ein Comeback wahrnehmen muss. Aber ich konnte ja nicht verhindern, dass er in mein Leben trat, wie auch, ich war nicht im Land, als die Entscheidung fiel ihn in die Familie zu holen. Ich verweilte in London und hörte mir neue InEar-Kopfhörer an. Einer dieser Rast- und Ruhelos-Jobs halt und auch mal einer, der wirklich Spaß machte. Die Kopfhörer wurden im Umfeld der Brit Awards vorgestellt und so hörte ich nicht nur Musik in meinen Ohren, sondern sah mir alle angesagten Topacts der Musikszene live an. Natürlich mit einem lachenden und einem weinenden Auge. Zu gerne würde ich wieder selbst bei einer Preisverleihung auf dem Parkett sitzen und darauf hoffen, dass ausgerechnet mein Name aufgerufen wird. Doch 2009 war ich davon weiter entfernt als die Amerikaner von einer schlanken Bevölkerung. Nach der Verleihung ging es auf die Aftershowparty, eine Party, die eher einer Mottoveranstaltung glich.

Das Motto war wohl Jahrmarkt der Kuriositäten und neben einem Autoscooter stand auch ein Wrestlingring in der Halle. Irgendwann schwenkte das Motto ohne meine Notiz um und es wurde eine betrunkene-Britinnen-Party. Noch nie zuvor hatte ich so viele vollkommen betrunkene Frauen gesehen, die ungeniert auf dem Boden der Halle lagen und unverständliches Zeug sangen. Ich schloss mich dem Motto an und konnte nur so meinem Fremdschämen entfliehen.

Am Morgen danach gab es ein deftiges englisches Frühstück und einen extrem eiligen Shuttlefahrer zum Flughafen. Mein Frühstück überlegte sich zwischen zwei extremen Links-kurven bei gefühlten 200 km/h, ob es noch einmal den eng-lischen Wolkenhimmel sehen mag, verweilte dann aber doch in meinem sehr durchgeschüttelten Magen. Einchecken und ab in den Flieger, so war der Plan. Schade nur, dass neue Sicher-heitsbestimmungen gleich wieder meinen Plan durchkreuzten. Nicht nur, dass alles Flüssige fein säuberlich in kleine Tütchen verpackt werden musste, auch Laptop und Gürtel mussten ent-fernt werden. Dieses Spiel war mir vertraut, nur neu war mir, dass man nun auch seine Schuhe ausziehen muss. Ziemlich verdutzt schaute ich das Sicherheitspersonal an und entledigte mich meiner Käsemaukenschutzhüllen. Natürlich, ich könnte eine ganze Atombombe in meinen 43er Sneakern verstecken. Ihr etwa nicht? Na egal, ich folgte den Anweisungen brav und saß endlich im Flieger. Wie für London üblich, saß ich dort auch erst einmal eine gute Stunde auf dem Rollfeld fest. Irgend-wann hob die Kiste dann ab und ich war in der Luft und einge-schlafen. Endlich in Düsseldorf gelandet richteten sich meine Gedanken nur noch auf eine Sache: »Schnell wieder schlafen!«

Im Halteverbot wartete mein Partner auf mich und ich hatte keine Ahnung, dass mein Plan mit dem Schlafen ein Wunschtraum bleiben sollte. »Pack deine Tasche in den Kofferraum und setzt dich hinten ins Auto!« »Hinten? Ich? Auf keinen Fall. Mir wird in Autos hinten immer kotzübel. Außerdem ist das mein Auto und ich setz mich hin wo ich will. Wahlweise auf den Fahrersitz.« Während ich diese Sätze formulierte, fiel mein Blick auf die Rückbank und auf ein kleines, schwarzes Knäul, das mit heraushängender Zunge und wedelndem Schwanz meine Aufmerksamkeit forderte. »Das ist Boog und der wohnt jetzt bei uns!« Das nenn ich Überraschung, genauso wie die Überraschung im folgenden Nebensatz: »Er war echt ein Angebot. Nur 400 €! Die hab ich aus unserer Spardose genommen.« Seht ihr, da ist die Erklärung für die 200 € Selbstbeteiligung, die ich am Anfang erwähnt habe. Aber egal, denn das was da hinten auf der Rückbank saß war eh nicht mit Geld zu bemessen. Noch nie habe ich in so kleine, liebevolle und zugleich fragende Augen gesehen. Es wirkte wie ein »Hallo, ich bin ein Labrador. Wer bist du? Wo kommst du her und warum ist das hier so laut, wo du herkommst?« Kurze Zeit später fand ich mich tatsächlich auf der Rückbank meines eigenen Wagens wieder und kraulte einen kleinen, schwarzen Kopf bis ich selig einschlief. Für einen kurzen Moment war mein rast- und ruhelos- Leben vergessen und die Heimfahrt hätte auch mehrere Stunden dauern können, ich war ohne Zeit und Raumgefühl auf der Rückbank gefangen zwischen Fellbergen und Milchzähnen. Wow, was für ein Gefühl. Endlich Frieden gefunden und das durch das genialste Überraschungs-Selbstbeteiligung-Geschenk auf vier Pfoten. Dass dies nur ein trügerischer Frieden sein sollte, war mir auf meiner Rückbank nicht wirklich bewusst. Doch zwischen Frieden und Chaos standen nur noch zwei Stunden bis zur Dämmerung. Was ich damit meine? Das werdet ihr erfahren.

TageBoog Teil 2 – Das Geschenk zieht ein

Er war der kleinste im Wurf, ein Winzling und doch die Neugierde und Frechheit in Hundeperson. Niemand hatte ihn mitgenommen, er war sozusagen der Restposten des Wurfes. Boog, der schwarze Labrador, der mein Leben von einem auf den anderen Tag vollkommen auf den Kopf stellen sollte. Er war nun also eingezogen, hatte seine Decke und sein Spielzeug mitgebracht und machte es sich direkt mal auf dem Teppich vor meinen Füßen bequem. Ich fragte mich, ob so ein Welpe von seiner eigenen Macht wusste – so verdammt niedlich zu sein, dass man ihm nie böse sein kann, und ihm auch jeden Wunsch von den Lefzen abliest – und diese Macht schamlos ausnutzt? Nein, ein Hund ist ja kein Mensch und ich ging zunächst davon aus, dass er nicht wie viele meiner Kollegen hinterlistig und berechnend ist. Unsere erste Nacht verlief nicht so niedlich. Ich kam gerade aus London und war noch hin und weg von der Überraschung mit dem Hund, dass ich direkt ins Bett verschwinden, und einem erfolgreichen Tag so beschließen wollte. So ein Baby kommt natürlich mit ins Bett und eigentlich sah es so aus als ob er auch müde wäre. Immerhin hatte er die ganze Fahrt vom Flughafen geschlafen, schade nur, dass einem Welpen dieser kurze Schlaf über 35 Kilometer ausreicht um wieder topfit zu sein. Also konnten wir direkt einen Haken hinter die Sache mit dem Schlafen machen und die Nacht gehörte den Wachen und den bereits Ausgeschlafenen.

Ich war eigentlich davon ausgegangen in meinem Leben gefestigt zu sein, zu wissen wo ich stehe und wo ich hingehöre. Ganz klar, ich war der Künstler in der Familie, derjenige der es von der brotlosen Kunst schon mal bis zum Knäckebrot geschafft hatte. Nach einiger Zeit in der medialen Verbannung, im Sibirien der ehemaligen Popstarsgewinner, war ich langsam wieder auf dem Weg, den ich mir selbst erkämpft hatte. Ein erstes Buch war erschienen, weitere Türen öffneten sich vorsichtig wieder. Es war an der Zeit zu arbeiten, wieder der Workaholic zu werden, der den Tag nicht von der Nacht unterscheiden konnte und zeitweise an acht Projekten gleichzeitig arbeitete. 29 Jahre alt und wieder auf Kurs. Natürlich zahlt man dann zeitweise auch den Preis für so ein Leben und liegt leblos auf der Couch, mit unbeschreiblichen Schmerzen in der Brust, die einen dazu bewegen noch schnell ein Projekt und Lebenswerk zu beenden, weil man ja nie weiß wann so ein Projekt einen selbst beendet. Ja schon klar, das klingt alles theatralisch, aber so sind sie, die Künstler. Sehr wahrscheinlich lässt sich der Brustschmerz einfach auf falsche Ernährung zurückführen. So ein Fertigpaket Nudeln aus der Vakuumhölle der Konservierungsstoffe beinhaltet neben verstorbenen Vitaminen eben nur die Abfallprodukte der Nährwerttabelle. Aber nun sollte ich meinen Hintern ja mal hinterm Rechner wegbewegen können und fit in den Frühling kommen. Nicht aus freien Stücken, schon klar. Aber alles kann warten, Blogeinträge, Berichte, Songtexte, Flugpläne und die ach so wichtigen Korrekturen am in drei Wochen erscheinenden neuen Buch, nur Pipimachen kann halt nicht warten. Ich rede nicht von mir.

Also ich kann sehr wohl einhalten und lasse den Stift nicht für alle zwei Tropfen fallen. Boog sieht das vollkommen anders und da er halt keinen Bock hat, immer mit bösen Blicken gestraft zu werden, wenn er mal wieder auf der falschen Seite vor die Haustüre gepullert hat, muss halt jeder einzelne noch so kleine Strahl vor die Türe getragen werden. Da muss man lernen was Prioritäten sind und meine für den Tag gesetzten Prioritäten sind für Boog alles andere als wichtige Bestandteile seines Tagesablaufes. Also, Finger von der Tastatur und raus in den Regen, kurz einen Schluck Wasser ins Gebüsch geparkt und gleichen Fußes wieder zurück ins warme Wohnzimmer. Natürlich nicht ohne überall nasse und süße Fußabdrücke zu hinterlassen. Ja, so ein Hund hinterlässt schon Spuren in deinem Leben und in deinem Teppich.

Aber unser eigentliches Thema sind nicht die Gassigewohnheiten meiner schwarzen Schönheit, sondern die Ernährung. Ich kann mir ja gerne die lebenslang haltbar gemachten Speisen mit Verwandtschaft zu NASA-Futter reinziehen, aber Boog bekommt selbstverständlich nur das Beste. Nein, kein übertriebenes Nassfutter, sondern Trockenfutter speziell für Welpen. So ein 15 Kilogramm Sack für einen 6 Kilo Häufchen Hund kostet mal eben schlappe 50 € – Respekt! Dafür würde ich eine vier Monatsversorgung an Fertignudeln bekommen und mir sogar noch einen frischen Tütensalat kaufen können. Ok, ich würze meine Nudeln in Rahmsoße auch nach (wie kommt die Kuh eigentlich in die Tüte und hinterlässt Rahm?) und da Boog trotz seines 12-Wochen-Alters schon ein echter Feinschmecker ist, bekommt sein Trockenfutter auch den besonderen Kick. Der kleine Mann hat einen richtigen Menüplan am Start. Montags gibt es zu dem in lauwarmem Wasser aufgeweichten Trockenfutter ein aufgeschlagenes Ei, das schäumend unter die Speise geschlagen wird, dienstags bis donnerstags kommt etwas kaltgepresstes Olivenöl mit ins Futter und freitags bis sonntags gibt es dann Variationen von Trockenfutter, mal mit Möhre oder leichten Spuren von Leberwurst. Das ist ein Hundeleben! Ich hau mir höchstens mal ein wenig Paprika in mein Futter, aber nun gut, ich hab ja auch keine Milchzähne mehr und Schuppen im Fell nenne ich auch nicht mein eigen. So ein Menüplan stellt sich ganz schnell zusammen – dafür muss man dann nur wieder in meine Welt der Web2.0-Seiten abtauchen. Jedes Thema findet in Foren genügend Platz, um bis ins kleinste Detail besprochen zu werden. Hundeforen gibt es auch unzählige im Netz, sogar solche, die nach Rassen unterteilt sind.

So ein Labrador ist ja auch in Ernährung und Erziehung nicht mit einem Handtaschenhund oder einer Fußhupe mit Gehwarzen zu vergleichen. Also auf ins Labrador-Forum und direkt in den Threat Welpenernährung. Neben vielen guten Ratschlägen findet man hier leider auch übereifrige Hundemuttis, die das Trockenfutter mit Joghurt unter gerupfte Hähnchenflügel mixen, dann noch mit Grünzeug garnieren und das Ganze bei 38 Grad Speisetemperatur von Hand an ihren Liebling verfüttern. Also im Restaurant klänge es dann wohl so: »Geschwenkte Poularde auf linksdrehendem Milchcremebett an geeistem Rucolasorbet.« Darf ich noch mal eben an meine 99 Cent Fertigtüten erinnern – also mal ehrlich, das geht zu weit. Wenn man also geschätzte 72 Stunden Zeit hat, um sich alle Diskussionen in den besagten Foren durchzulesen, findet man mit Sicherheit nach Abwiegen aller Für- und Widerargumente, den perfekten Speiseplan für seinen Welpen. Ja von wegen! Bei aller Sorgfalt und Liebe, die man in die Detektivarbeit zur Suche der perfekten Speise für Magen und Fell gesteckt hat, spielt ein wichtiger Fakt noch eine entscheidende Rolle: »Der Hund mag das Zeug mal überhaupt nicht! Der frisst nicht und irgendwie riecht das auch echt komisch.« Hm, gut okay, ich gebe zu, dass ich vielleicht einfach zu selbstsicher an die Sache herangegangen bin, und nun? Weiter suchen und schauen, was der Kleine denn nun mag und was nicht.

Ich hatte in einem der Foren gelesen, dass Hunde ja Aas-, Fleisch- und Allesfresser sind und man könnte ihnen auch BARF reichen. BARF ist eine Mischung aus frischem Gemüse und rohem Fleisch, und wurde wohl laut Netzinformation von den Wölfen her abgeleitet. Da Hunde sich ja von Wölfen abgeleitet haben, muss das ja dann auch für Boog passen. Also unterbreitete ich meiner besseren Hälfte den Vorschlag auf BARF umzustellen. Die Reaktion war allerdings jetzt nicht sonderlich positiv. Angeführt von weiteren »Das riecht ja dann noch schlimmer Argumenten« führte man einen Punkt an, den ich im Nachhinein immer noch sehr zum Schmunzeln finde: »Rohes Fleisch? Aus der Fleischtheke? Bist du bekloppt? Und wenn der dann Hunger kriegt und man nicht schnell genug ist, knabbert der mir am Bein oder wie?« Mit diesem Kritikpunkt konfrontiert, ging ich in die Küche und machte mir eine 5 Minuten Terrine. Warum sind wir Menschen eigentlich so schnell zu befriedigen? »Oh, wie geil! Kartoffelbrei mit Fleischklößchen und das alles in 5 Minuten fertig.« Ich bin in meinem Leben gefestigt – ich bin ein Workaholic und lebendes Ernährungstestobjekt, für die Konservierungsabteilung großer Lebensmittelkonzerne. Alles getestet und in Foren besprochen – man soll schließlich nicht leben wie ein Hund. Warum werde ich dann das Gefühl nicht los, dass er besser lebt als ich? Ach, was soll es, ich kann das auch und schlag mir einfach ein aufgeschäumtes Ei unter mein Trockenfutter.

TageBoog Teil 3 – Karriere? Teppich? Was retten wir zuerst?

Der Weg eines ehemaligen Castingshow-Gewinners aus Deutschland ist vergleichbar mit einer Runde zur Hundewiese. Man kann sich noch so anstrengen Alternativen zu finden, am Ende bleibt man nur das Häufchen auf dem Feld der Vergessenen. Das stinkt schon gewaltig zum Himmel. In dem Jahr als Boog zu mir kam hatte ich eigentlich keinen Grund morgens aufzustehen. Meine Karriere war durch, meine 15 Minuten Ruhm verflogen und keiner wollte mehr mit mir arbeiten. Also warum aufstehen? Genau, weil sonst jemand auf den Teppich machen würde. Also morgens raus aus dem Bett, raus an die frische Luft und plötzlich hat man viel mehr vom Tag und neue Ideen entstehen. Ich hatte in meinem mittlerweile 30 jährigen Leben schon einiges hinter mich gebracht, aus eigener Kraft erreicht und nun, da mich Boog mit seiner kalten Nase in den frühen Morgen stupste, war ich bereit für die Rückrunde. Immerhin war ich niemand, der sich nur auf Gesang verlässt und sonst nichts zu bieten hat. Natürlich bedeuten mir eigene Musicals, CDs, Bücher und Texte für befreundete Künstler aus mittlerweile fast 15 Jahren sehr viel. Aber, irgendwie war bislang noch nicht das Perfekte dabei. Das ultimative Ziel einer künstlerischen Reise. Der Song des Lebens oder das Erlebnis, das zu einer Zufriedenheit führt, die länger anhält als die Freude eines Kindes über den Inhalt im Überraschungsei.

Boog war gerade mal knapp 3,5 Monate alt und doch schon viel weiser als ich. Er fand immer die perfekte Stelle. Ein kurzes Schnuppern über die Wiese und schon war die Stelle gefunden, die in seiner kleinen Welpenwelt zur vollkommenen Zufriedenheit und zur garantierten Verdauungsvollendung führte. Es war fast so, als würde er lächeln, wenn er den perfekten Grashalm gefunden hatte, um seinen Bedürfnissen freien Lauf zu lassen. Was mach ich also falsch? Muss ich intensiver schnuppern? Meine Nase tiefer in den Dreck der Medienwelt stecken? Ich war noch nie jemand, der dort hineingekrabbelt war wo mein Hund zur Begrüßung anderer Hunde roch, um weiter zu kommen. Es ist schon merkwürdig, auf welche Gedanken man kommt, wenn man seinem kleinen Labrador auf der »Jibbie-Jibbie-Wiese« zusah. Was eine Jibbie-Jibbie-Wiese ist? Immer wenn ich Jibbie-Jibbie rufe, legt Boog auf der Wiese vollkommen los, bekommt seine dollen 5 Minuten und hüpft wie ein Känguru über jeden kleinen Erdhügel. Sieht lustig aus, vor allem wenn man dann seine kleinen Ohren fliegen sieht. Besser als jede Detlef D! Choreografie. Der Kleine ist einfach begabt und kann ohne Anweisung alle vorbeikommenden Spaziergänger verzaubern und um den Finger wickeln. Welpencharme eben. Kleiner Schleimer. Ich hätte nie damit gerechnet, dass ich einmal, so wie er, über die Wiese hüpfen sollte. Aber an diesem Tag war es so weit.

Ich bestaunte Boogs Ausdauer beim Dauerbeschnuppern eines anderen Hundes, als mein Handy klingelte. Am Ende der Leitung war mein guter Freund Martin Kesici. Noch so ein Häufchen auf der Wiese der Vergessenen. Obwohl er mit zwei Alben und fünf Singles viele Jahre länger als ich und die Pelzband, der ich einmal angehörte, unterwegs war, führten Gespräche mit Menschen, die ihn auf der Straße erkannten, immer in eine Richtung: »Von dir hört man nix mehr. Machst du noch Musik?« Ja, diese Fragen sind mir durchaus bekannt. Sind die Kameras der großen Sender erst mal aus, verschwindet dein Bild aus den Medien, und andere nehmen kurzzeitig deinen Platz auf dem Siegertreppchen ein. Was wollte er von mir? Dass er sich immer am Telefon über eben solche Fragen aufregte, war mir bekannt. Nur, die Info die am Ende dieser Beschwerde kam, war neu: »Ick schreib jetz nen Buch über den janzen Kack!« »Aha, eine Loserbiografie!« erwiderte ich mit einem läppischen Schulterzucken, das er bis nach Berlin hören konnte. »Wie, Loserbiografie? Ich will endlich mal mit all den Geschichten aufräumen, die so passieren.« Ich überlegte kurz und unterbreitete den Vorschlag, mitzumachen. Schon lange war mir die aufgezwungene Stille, in der ich mein Dasein fristete, zu wider geworden. Warum also nicht ein Buch schreiben?

Zwei Gewinner packen aus, erzählen alles, was hinter den Kulissen von Castingshows läuft. Diese ganzen Schicksalsnummern und Skandale, mit denen die Sendungen mittlerweile ihre Quoten retteten, waren erbärmlich. Es ging eh nicht mehr um Gesang, sondern nur noch um die familiären Schicksale der Kandidaten, oder um Volldeppen, die sich vor der Kamera lächerlich machten. Also ich war dabei. Martin und ich verabschiedeten uns mit der Feststellung, nun Co-Autoren zu sein. Ich fand die Idee wirklich super und als ich mein Handy wieder in der Hosentasche verschwinden ließ, hüpfte ich freudig auf Boogs »Jibbie-Jibbie-Wiese« umher. Boog hob den Kopf und schien mich für verrückt zu halten. Im Vorbeihüpfen schnappte er mein Hosenbein und brachte mich zum Stolpern. Er setzte sich neben mich und schaute mich mit großen Augen an. So als wollte er mich fragen, ob es mir gut geht. Es ging mir auch wirklich gut, ich sah endlich eine gute Idee vor Augen, um mich zurück zu melden. Um es in Hundesprache zu sagen, ich war bereit mein Revier abzustecken und all den Pudeln und anderen Fußhupen über die Markierung zu pullern. Zurück zu Hause setzte ich mich direkt an den Rechner und fing mit den ersten Kapiteln des Buches an. Es war unglaublich. Vier Jahre lang hatte ich alles verdrängt, runtergeschluckt und versucht zu vergessen. Vergessen, was man aus mir und meinen drei Bandkollegen bei Nu Pagadi gemacht hatte. Plötzlich war alles wieder da. Frisch, so als wäre ich erst gestern bei The Dome gewesen und wurde von 10.000 Zahnspangen angeschrien. Boog lag unterm Tisch auf meinen Füßen. Vollkommen unbeeindruckt von meinem neuen Lebensmut. Ich vergaß alles um mich herum und versank in der Tastatur. Wie war das noch nach dem Finale? Was hat Raab gesagt, als ich hinter der Bühne bei TV-Total stand? »Merken Sie sich die Kostüme gut, nächstes Jahr können Sie die Jungs und Mädels unter einer Brücke in ihrer Stadt liegen sehen.« Was man sich alles anhören musste und nun wieder im Ohr klingelte.

Die Finger flogen über die Tastatur, und ich habe keine Ahnung, wie viele Minuten oder Stunden vergingen. Ich war bereit, meine Karriere zu retten. Koste es, was es wolle. Gerade als ich in einem weiteren Fluss von Worten abgetaucht war, machte sich das Fellknäuel auf meinen Füßen bemerkbar. Er lief unruhig auf dem Teppich hin und her. Ob er meine Unruhe bemerkte? Die Rage, in die ich mich gerade geschrieben hatte? Nein, es waren einfachere Beweggründe. Die geleerte Wasserschale suchte einen Ausgang und war bereit den Teppich dafür in die engere Wahl zu nehmen. Was also zuerst? Karriere oder Teppich retten? Ich entschied mich für den Teppich und schnappte mir die kleine, schwarze Fellnase und trug ihn in aller Eile vor die Türe. Puh, das war knapp. Kaum an der frischen Luft, verabschiedeten sich Hund und Wasserstrahl ins Gebüsch. Und wieder lag ein Stückchen Weisheit in dieser Tat. Nicht, dass Boog mir absichtlich etwas mitteilen wollte, aber er zeigte mir, dass man nichts überstürzen sollte. Manchmal geht Pipi machen einfach vor. Also die einfachen Dinge im Leben. Ich bin jemand, der, wenn er einmal losläuft, nicht mehr zu bremsen ist, bis das Ziel greifbar ist. Da vergisst man schon mal zu essen, trinken oder eben zu pinkeln. Boog war mit seinen zwei Monaten nicht in der Lage seine Bedürfnisse zu vergessen. Warum auch? Wir waren also wieder da, wo der Tag angefangen hatte. Auf seiner Lieblingswiese, mit all den Gerüchen und Eindrücken, die für ihn die Welt bedeuten. Für ihn war alles gleich geblieben, ich hatte mich ein Stück weit verändert. Der Kopf war gehoben und der Blick richtete sich geradeaus. Es gab ein neues Ziel am Horizont und ich hatte heute etwas gerettet. Zwar nicht meine Karriere, aber immerhin unseren Teppich. Aber es soll ja Damen geben, die ihre Karriere auf einem Teppich gestartet haben – also fühlte sich dieser Schritt verdammt gut an.

TageBoog Teil 4: Heiliger Schlaf

Man sagt ja, dass Hunde nur mit einer Hirnhälfte schlafen würden, die andere Hälfte des Hirns ist in einem Wachzustand, um so direkt bei Gefahr oder der freudigen Heimkehr von Herrchen wach zu sein und an der Haustüre zu stehen.

Nun folgt einer meiner Lieblingssätze, der euch mit Sicherheit noch öfter im TageBoog begegnen wird: Boog ist da ganz anders. Schlaf ist für Welpen ja eine wichtige Sache. So wie bei Säuglingen, die dann im Schlaf und in Träumen ihren Tag verarbeiteten. Bei Boog war das manchmal besser als Fernsehen. Man konnte sehen, dass er im Schlaf über weite Wiesen und Felder lief. Manchmal hüpfte er sogar, während er schlafend auf der Seite lag. Süß war es auch, wenn er anfing zu bellen. Das klang dann allerdings eher wie ein Meerschwein, auf das man aus Versehen getreten war. Jetzt aber zurück zu der Geschichte mit dem Halbhirnschlaf. Wenn Boog neben uns auf dem Sofa einschläft, dann schläft er. Da könnte sogar ein Helikopter mitten im Wohnzimmer landen. Boog würde es verschlafen. Ich kenne keinen Hund, der so tief und fest schläft wie er. Manchmal gehen wir einkaufen wenn er eingeschlafen ist und wenn wir wieder zurückkommen und er wach wird, schaut er immer etwas verdutzt, als würde er fragen: »Äh, kommt ihr gerade wieder? War ich allein?« Tja, wieder eine Chance auf Party in der sturmfreien Bude verpasst. Schade. Wenn man nun festgestellt hat, dass sein Hund nicht wie andere nur einen leichten Schlaf hat, sondern pennt als würde es nichts schöneres geben, dann kommt man auf lustige Ideen. Man kann mit dem schlafenden Welpen einfach alles anstellen. Was braucht man für lustige Erinnerungen? Einen schlafenden Hund, ein paar Zubehörteile und eine Kamera. Das Ergebnis könnt ihr weiter unten bestaunen. Er wurde auch zu nichts genötigt. Aber mal ehrlich, wer würde diese Situation nicht ausnutzen und seinen Hund zum Gitarristen von Queen umfunktionieren oder ihn zum Xbox-Zocker machen … Also ich würde es immer wieder tun. Wenn ihr jetzt ehrlich seid, müsstet ihr zugeben, dass ihr schon überlegt wo die Kamera ist und darauf hoffen, dass euer Hund einen festen Schlaf hat. Für alle Leser ohne Hund:

»Das Ganze funktioniert auch mit schlafenden Partnern!«
Ist aber nur halb so lustig, wie mit einem kleinen Welpen im
»Zweihirnhälften-Schlaf«.

TageBoog Teil 5 – Zeitmanagement

Im Leben eines Mannes gibt es Tage die einfach kommen müssen – es werden Dinge von dir erwartet. Baum pflanzen, Kind
zeugen, Haus bauen. So, als wäre das Drehbuch schon geschrieben. Nicht so wie bei DSDS und Co., wo jeder seine Rolle schon
vor der ersten Ausstrahlung auf den Leib geschneidert bekommen hat, sondern eher so, als wäre es für ein vollkommenes
Leben nötig, gewisse Schritte zu gehen. Ein Hund kennt solche
Tage nicht, ein Hundeliebende ist oder sollte jeden Tag perfekt
sein. Natürlich gibt es Dinge, die auch hier fester Bestandteil
sind. Irgendwann kommt die Frage nach der richtigen Haltung
beim Pinkeln. Hebt der Hund ein erstes Mal das Bein, jubelt
Herrchen und macht sich auf offener Straße zum Vollhorst.
Der Hund versteht das ganze Theater nicht. Er wollte halt einfach nur höher pinkeln, als der Hund, der zuvor diese Stelle am
Busch markiert hatte. So ist das halt mit Handlung und Reaktion. Ganz natürliche Dinge rufen Reaktionen hervor, die den
normalen Hundeverstand um Weiten übersteigen. Boog war
noch lange nicht so weit, er war schon froh, wenn er sich an
der Haustür von Innen bemerkbar machen konnte, um nicht

wieder Ärger zu bekommen, weil der Teppich an einer Ecke zu schwimmen begann.

An der erstbesten und wohlduftenden Stelle wurde der Hahn einfach aufgedreht und ein kleiner Bach floss zwischen seinen Hinterpfoten in die Freiheit. Beinchen heben ist mit etwas mehr als drei Monaten ja auch überhaupt noch nicht wichtig. Ein Mann mit weit mehr als drei Monaten sollte seinen Platz im Leben gefunden haben. Das hat natürlich auch mit Erziehung zu tun. Von der Freiheit des Hundes beim Pinkeln können wir Männer nur träumen. Gibt es doch immer jemanden, der uns Dinge hinterher ruft wie »Klapp die Brille runter!« – »Und wehe du setzt dich nicht hin!« – Manchmal hab ich das Gefühl von Boog ausgelacht zu werden. Aber so ist das nun mal, wenn man sich in einer Beziehung befindet. Da gibt es immer einen, der die Richtung angibt und einen, der dieser Richtung folgt. Ich bin der kreative Part in meiner Beziehung. Der Macher, derjenige der Bücher schreibt und endlich wieder Musik machen will. Zugegeben, ich bin ein Chaot. Aber in jedem guten Song setzt ein gewisses Chaos im Detail der Komposition das Sahnehäubchen auf. Also eigentlich eine gute Eigenschaft und Ordnung brachte nicht mein Partner sondern ausgerechnet der schwarze Chaot in mein Leben. Plötzlich hatte alles feste Abläufe und Dinge, die in einem Zeitplan eingehalten werden müssen. Diese Ordnung hat mir vieles ermöglicht und meinen Blick wieder aufs Wesentliche gelenkt. Danke dafür.

Tageboog Teil 6 – Ein finsterer Tag

Ich kaufe CDs nur im Original, ich mag Twix eher als das Imitat und ansonsten stehe ich auch nicht auf Fälschungen. Die Züchterin, bei der wir Boog gekauft hatten, schien es nicht so mit Originalen zu haben. Trotz der vorgeführten Eltern und er angeblichen sauberen Papiere fiel uns nach einem guten halben Jahr etwas auf. Immer wenn Boog mit Freunden im Gras gespielt hatte und ausgiebig gelaufen war, lag er danach unter dem Tisch und gab gequälte Laute von sich. Es wurde Zeit, den Tierarzt aufzusuchen und die Diagnose fuhr mir wie ein Blitz in die Knochen. Das Wesen, das ich so sehr liebte, war krank. Eine weit verbreitete Krankheit, die von der Züchterin als »unmöglich« abgetan wurde. Es handelt sich um HD und bedeutet in diesem Fall nicht hochauflösend. Hochauflösend war nur das Röntgenbild das ich zitternd in Händen hielt und nicht wahrhaben wollte. Die rechte Hüftpfanne war nicht ganz ausgebildet und somit würde es irgendwann zu einem Verschleiß kommen, der unweigerlich schlimme Bewegungs-schmerzen verursachen würde, da der Oberschenkelknochen nicht geschützt und rund in der Pfanne sitzen kann. Bereits in dieser Phase des Wachstums bereitete Boog die Bewegung heftige Schmerzen und somit lag er nach dem Spielen weinend unter dem Tisch.

In der Klinik wurde uns gesagt, dass ein künstliches Hüftgelenk der einzige Weg wäre. Aber bei einem so jungen Hund wären die Kosten und die Haltbarkeit dieses Gelenks nicht tragbar. Horrorszenen wurden uns erklärt, wo genau der Knochen abgesägt werden muss, welche Teile ersetzt würden. Laufen wäre dann wieder neu zu erlernen. Aber da er noch im Wachs-tum sei, wäre die OP jetzt eh noch nicht durchführbar und wir sollten abwarten wie es sich entwickelt. Um die bestätigende Röntgenaufnahme zu erhalten, musste Boog in Narkose gelegt werden. Ein grausames Gefühl, gerade mal etwas mehr als ein halbes Jahr alt und schon siehst du deinen Hund »einschlafen«. Als er wieder aufwachte war er noch tapsiger als sonst und seine Schmerzen waren unerträglich. Für die Aufnahme wurde er komplett gestreckt und seine Pfoten ganz nach hinten gezogen. Er hatte einen tierischen Muskelkater, viel mehr sogar eine Art Zerrung von dieser Prozedur. Zwei Tage lang bewegte er sich fast nicht und wir lagen unter dem Tisch um ihm Wasser, Schmerzmittel und Futter anzureichen. Wir haben mit ihm geweint und uns gefragt ob so ein Leben lebenswert sein kann. Zum Glück spielten uns die Zeit und die rechtzeitige Entdeckung der Hüftschwäche einen Joker in die Hand. Nur Muskeln konnten ihm helfen und das Wachstum der kommenden Monate sollte auch einen Teil dazu beitragen ihn zu einem lebendigen und lauffreudigen Hund zu machen. Jeden Tag war nun Wassertreten angesagt am benachbarten See, das Futter wurde um spezielle Vitamine angereichert und auf klassische Kraftspielchen bei denen man versucht, ihm etwas aus dem Maul zu ziehen, haben wir verzichtet, da sie zu stark auf die Gelenke gehen.

Die Monate und unsere Bemühungen sollten ihre Wirkung zeigen und nun kann er ohne große Schmerzen stundenlang mit anderen Hunden spielen, schwimmen und laufen. Natürlich ist die Krankheit nicht vom Tisch und es kann nur ein Frieden auf Zeit sein. Die Zeit kann nur keiner abgrenzen und so achte ich bei Spielen immer darauf wie es ihm danach geht. Wir haben mittlerweile auch andere Meinungen eingeholt und wenn der Tag kommt, an dem die Krankheit sich zurückmeldet und der Verschleiß seine Bewegungsfreiheit angreift, gibt es verschiedene Methoden, um ihm die Schmerzen zu nehmen – Möglichkeiten, die nichts mit zersägten Knochen zu tun haben. Noch schiebe ich das Thema vor mich hin, wie ungeliebte Bügelwäsche, ich vergesse sie ab und an, und doch weiß ich immer, wo der Stapel liegt und dass es irgendwann Zeit wird, sich damit auseinander zu setzen. Solange Boog noch mit Freude über Wiesen und ins Wasser springt und wir gemeinsam Blödsinn machen, weiß ich, es geht ihm gut. Nutze den Tag – ein Satz der für meine eigenen Projekte und Ideen steht, gilt auch hier. Ich will jeden Tag genießen und wissen, am Ende der gemeinsamen Zeit das Beste getan zu haben um ihm ein erfülltes Leben geschenkt zu haben. Ein Leben, das wir nun jeden Tag zusammen verbringen und wir haben noch vieles, was es zu erleben gilt.

TageBoog Teil 7 – Mein Hund ist ein Stalker

Das Leben eines Menschen, der aus den Medien bekannt ist, ist eigentlich nett. Mal abgesehen von den ewigen Behauptungen, dass man ja unfassbar viel Kohle haben muss wegen der Nummer 1 Hits. Mit Musik lässt sich nur etwas verdienen, wenn man sie auch selbst geschrieben hat. Diese Möglichkeit haben Castingbands eher selten bis gar nicht. Das erste Album wird aus Zeitgründen zu großen Teilen in Schweden oder bei anderen Songschreibern eingekauft und die baldigen Gewinner stehen im Studio um die Songs einzusingen. Ende der Geschichte!

Aber ansonsten hat es schon viele Vorteile. Immerhin darf ich es nun endlich wagen mehrere Bücher zu schreiben. Es war noch nicht ganz Frühling im Jahre 2009, obwohl der Kalender diese Jahreszeitgrenze bereits längst überschritten hatte, als ich mich daran begab, meine Kinderbuchserie zu starten. »Fleckies Reise« sollte das Ganze heißen und sich als Hauptfigur um einen Marienkäfer mit Kuhflecken drehen. Ja, ich habe es einfach mit Tieren und liebe Tiere über alles. Komischerweise entdeckte ich an diesem Tag einen Marienkäfer, der schnurstracks von der Terrassentür auf mich zu krabbelte. Noch bevor ich »Oh, wie niedlich!« sagen konnte, hatte Boog den Marienkäfer ebenfalls entdeckt und aufgegessen. Toller Hund! Bei Spinnen den Schwanz einkneifen, aber unschuldige Marienkäfer futtern.

Boog schien sowieso immer das zu sehen, was ich gerade sehe. So, als würde er genau beobachten, was ich tue. Ich habe kein Problem damit, dass dieser Fellberg nachts neben mir liegt und lauter schnarcht als ich selbst. Auch macht es mir keine Sorgen, wenn er am Abend auf dem Sofa unter meinen Beinen verschwindet, um so den besten Platz vorm Fernseher zu haben. Alles kein Thema. Nur ab und an hab ich das Gefühl, dass er ein Stalker ist. Was ein Stalker ist? Nun ja, das ist ein weiterer Nachteil am Leben einer Person aus den Medien. Es gibt Menschen, die extreme Nähe zu einem suchen und meist das Gefühl haben, die Person aus der Glotze genau zu kennen. Ich hatte so was schon öfter. Kommt halt vor. Plötzlich stand mal jemand in meiner Wohnung, um meine Bandkollegin bei mir zu suchen. Was ja an sich schon verrückt genug ist, da wir ja nicht mehr zusammen wohnten. Noch verrückter war aber der Punkt, dass er wohl noch ein paar Stunden zuvor in der Nähe von Berlin war, um sie dort zu suchen und da irgendwie auf den Trichter kam, sie wäre bei mir. Sind ja nur ein paar Kilometer von Berlin nach Moers. Das geht schon mal so auf die Schnelle. Witzig sind auch Tage, an denen man Post öffnet und sich eine Kassette seiner Lieblingshörspielserie darin befindet. Genau die Folge, die noch fehlt in der Sammlung. Versteckte Kamera? Beängstigend. Aber nun gut, mein Hund war also ein Stalker. Nein, er schickte mir keine Kassetten und war auch ansonsten nicht mit der Post vertraut, nur mit dem Bein der Postbotin, aber er war ein Stalker. Er war immer da, wo ich war. Egal was ich tat. Mittlerweile war er nicht mehr das kleine handliche Hundchen, sondern ein mittelgroßer Labrador. Er hatte die Vorliebe immer in meiner Nähe zu sein. Das ist ja auch okay, aber auf der Toilette? Als ganz kleiner Welpe war es sicherlich süß, wenn er komplett in meiner Boxershort lag, wenn ich auf dem Töpfchen war. Da passte er ja auch noch genau zwischen meine Füße. Aber nun, mit einem guten halben Jahr? Da passte nur der dicke Holzkopf in die Buxe und so musste es auch sein. Manchmal versucht er sich auch ganz in die Hose an meinen Knöcheln zu quetschen. Die Zwischenbilanz? Fünfzehn gerissene und aus »Ich mach mir dann mal Platz-Gründen« zerbissene Unterwäschestücke. Mittlerweile war er auch nicht fertig mit dem Rumliegen, wenn man selbst fertig ist und das stille Örtchen wieder verlassen wollte. Manchmal muss ich ihn, samt Boxershort, aus dem Badezimmer schieben.

In der Küche ist sein Lieblingsplatz immer hinter mir. Jeder normale Hund würde neben dem Herd liegen und hoffen, dass etwas runterfällt. Mein mich stalkender Hund lag immer hinter mir. Ob ich nun am Herd stand, oder gegenüber an der Kaffeemaschine, Boog war verlässlich zur Stelle. Ich bin also selbst schuld, wenn ich andauernd vergesse, dass er in meiner Nähe liegt. Zwischenbilanz hier? Ein verstauchtes Handgelenk, drei zerbrochene Tassen und ein neuer Anstrich, nachdem sich die Tomatensuppe, zusammen mit mir, im freien Fall an der Wand wiederfand. Aber was soll es, ich denke, er möchte mir damit nur etwas zeigen. Er mag mich halt und ist gerne dort, wo ich mich aufhalte. Es ist ja auch angenehm, wenn dich jemand stalkt, den du kennst. Mit dem du das Bett freiwillig teilst und den du mindestens genauso liebst, wie er dich. Das ist in der Medienwelt leider anders, da verfolgen dich ab und an Charaktere, die dich zwar behaupten zu kennen, die du aber allerhöchstens mal im Vorbeigehen gesehen hast.

Normale Fans sind das Größte, da stehe ich auch total auf Austausch. Aber wenn selbst mein Hund nicht weiß, welche Drei ???-Folge mir fehlt, dann sollte es auch sonst keiner wissen. Mal abgesehen davon, dass Boog die Hörspiele eh doof findet. Da krächzt immer ein Papagei und der Lärm vom Schrottplatz ist auch blöd. Wenn ich eine Folge zum Einschlafen hören will, kann ich das mit dem Einschlafen direkt wieder vergessen. Mein Stalker ist nämlich auch mein Bodyguard. Und wenn der Papagei auf der Kassette im Schlafzimmer krächzt oder im Hintergrund auch nur ein komisches Geräusch zu hören ist, dann bellt Boog solange, bis die Folge vorüber und der böse Papagei aus dem Schlafzimmer verschwunden ist. Danke Boog. Aber Rache ist süß, beim nächsten Gassigehen leg ich mich auf deinen Rücken, wenn du aufs stille Örtchen willst und beim Stöckchen holen steh ich auch hinter dir. Pah! Und dann zeig ich dir die Zunge, mein kleiner schwarzer Freund!

TageBoog Teil 8 – Boog ist kein Fan

Ein Labrador ist ein besonderer Hund. Also, mein Labrador ist ein besonderer Hund. Ja, das behauptet jedes Herrchen von seinem Hund, aber bei mir ist das was anderes. Ich habe ja schon erzählt, dass er ein Stalker ist. Also immer da ist, wo ich bin, und an ungünstigen Stellen im Haus liegen bleibt, so dass man unweigerlich hinfallen muss. Aber da ist noch etwas anderes, was ihn neben all den Attributen wie niedlich, verspielt und herzig ganz besonders macht. Am Anfang wusste ich nicht was ich davon halten sollte. Ich bin es gewöhnt, sowohl Gönner als auch Kritiker in meinem Freundeskreis zu haben. Freunde und Fans, die sich meine Sachen ansehen oder anhören und dann ihre Meinung äußern. Klar ist es schön, direkt Lob in den Hintern geblasen zu bekommen, aber auch Kritik mag ich sehr. So kann ich am Material arbeiten und es besser machen. Boog ist da anders.

Er ist kein Gönner, kein Kritiker und vor allen Dingen kein Fan. Immer, wenn ich am Rechner sitze und anfange Songideen einzusingen oder fertiges Material aus dem Studio höre, wird die Musik mit grausamen Gejaule untermalt. Abgelöst wird das Ganze dann von lautem Bellen, wenn ich nicht während der geschätzten 1:30 Minuten Gejaule die Musik abstelle. Am Anfang dachte ich: »Okay, der Hund mag keine Musik.« Mag ja sein, die hören ja auch ganz anders, als wir Menschen. Aber dann fiel mir etwas auf. Wenn ich im Wohnzimmer Radio oder Musik von Queen oder die Poets of the Fall laufen lasse, dann liegt mein Hund total entspannt vor der Box und hört zu. Ohne Gejaule oder auf eine andere Art und Weise seinen Unmut zu bekunden. Wenn ich dann meinen neuen Song laufen lasse, der bislang immer nur mit zustimmendem Nicken aus dem Freundeskreis oder von den Kollegen aus dem Radio mit Wohlwollen aufgenommen wurde, dann legt Boog direkt den sterbenden Schwan auf die Fliesen. Was soll ich sagen – mein Hund ist kein Fan. Was ich allerdings witzig finde. Ich liebe ihn trotzdem oder gerade deswegen. Ich kann mir meinen Kram auch nicht anhören. Anstatt vorm Rechner zum ca. hundertsten Mal nach Fehlern oder Verbesserungsmöglichkeiten zu suchen, gehe ich lieber mit ihm aufs Feld. Sollen doch andere bewerten wie mein Zeug ist. Ob nun gut oder nicht. Es scheint kein Hit in den Downloadcharts der Hunde zu werden – also bei DogTunes oder Amamops ganz hinten im Verkaufsrang.

Auf der anderen Seite hat er auch Fanpotenzial, wobei das nur am Rande auf mich zielt. Als ich neben dem Gedanken, neue Musik zu machen, mit meinen Kinderbüchern anfing, entstanden um »Fleckies Reise« herum viele spannende Produkte. Alles Dinge mit dem Angesicht des kleinen Kuhflecken-Marienkäfers. Somit kam es auch unweigerlich zu ersten Mustern für ein Stofftier Fleckie. Die Bücher interessierten Boog nicht, aber bei einem Stofftiermarienkäfer – da sieht die Welt doch direkt ganz anders aus. Als ich das Paket mit dem ersten Stofftierkäfer öffnete, hatte Fleckie direkt einen neuen Fan. Schon klar, meine Musik grausam finden, aber meinen Stoffkäfer zum Fressen gern haben. Treuer Freund! Lustiger weise scheint Boogs Ausdrucksweise was Fan- und Anti-Fan-Verhalten anbelangt nicht sehr breit aufgestellt zu sein. Den sterbenden Schwan, den er aufführt, wenn mein Song im Wohnzimmer läuft, mit der Bedeutung und Aussage: »Mach das weg, das ist ja ekelhaft!«, eben diesen sterbenden Schwan führte er auch auf, als der Stoffkäfer auf dem Tisch stand. Hier dann allerdings mit der eindeutigen Aussage: »Gib das her, das ist ja geil!« Vielleicht interpretiere ich das Gejaule zu meiner Musik ja auch falsch, und in Wahrheit heißt es: »Gibt es das auf CD, ich würde es fressen!«

Ich besorg mir mal schnell den Langenscheidt »Mensch – Hund / Hund – Mensch« und schlag das nach. Alles in allem bleibt nur eine Sache, die ich festhalten kann. Mein Hund ist kein Fan, aber ein fanatischer Stofftierliebhaber. Das macht ihn nun nicht besonders, welcher Hund steht nicht auf Stofftiere? Und es geht nichts über den belämmerten Gesichtsausdruck, den sie an den Tag legen, wenn man ihnen ein neues Stofftier präsentiert. So, jetzt muss ich aber los. Draußen steht die Katze vom Nachbarn, sie war einkaufen und hat mir Sprechperlen mitgebracht. Was bei so einem dummen Sittich funktioniert, muss doch auch bei Hunden klappen. Vielleicht versteh ich dann endlich mal, was Boog an meiner Musik auszusetzen hat. – Fortsetzung folgt –

Kommentar: An einem Song hatte er nie etwas auszusetzen, was daran liegen mag, dass ich ihn für oder über ihn geschrieben habe. Den Song »Bei Dir« findet ihr als erstes im folgenden Kapitel Demos und Bonustrack. Ob ich die Kraft finde, das TageBoog weiter auszuführen, weiß ich noch nicht. Boogs drei Adoptivgeschwister begleiten mich bei der Fertigstellung dieses Buches hier

196

und Boog ist immer in meinem, nun doch sehr schweren, Herzen dabei.

Kurz bevor wir ihn gehen lassen mussten habe ich ein Video zu meinem Geburtstag mit ihm zusammen aufgenommen – als musikalische Liebeserklärung an den besten Freund. Da wurde der Song »Bei Dir« zum ersten Mal in richtigem Zusammenhang gezeigt. Ihr könnt es hier ansehen:

https://youtube.com/watch?v=osfWcvi2DoM

Foto: Oliver Wand

Demos und Bonustracks

Im Laufe der Jahre sammeln sich einige Songs an, viele Texte entstehen und manche werden mit Noten bedacht. Viele Texte, aber auch fertige Songs, landen in der Schublade. Vielleicht, weil es gerade einfach nicht passt, diesen Song zu veröffentlichen, vielleicht, weil eine Geschichte mit dem Song einhergeht, die man noch nicht bereit ist zu erzählen. Vielleicht aber auch, weil ein Song mehr Zeit braucht, wie guter Wein. Ein Song, der einmal veröffentlicht ist, der ist draußen, der ist raus und weg – so wie der Korken aus der Weinflasche. Einmal geöffnet kann er nur noch als offener Wein auf die Karte – manche Flaschen mag man eben gern aufheben und warten, bis man sie für einen besonderen Tag aus dem Regel zieht. So ein Tag ist heute mit Veröffentlichung dieses Buches – ich hole den Wein – also die Songs aus dem Regal und schenke sie euch (ein). Ihr findet die Lieder auf der Demo- und Bonustrack-Sektion der beiliegenden CD.

Bei dir

Dies ist der Song, den ich gerade im TageBoog Kapitel angesprochen habe. Ein Beispiel dafür, dass es Texte gibt, die man auf verschiedene Situationen beziehen kann. Nachdem ich den Song aufgenommen und das ein oder andere Mal live gespielt hatte, kamen Brautpaare auf mich zu und wünschten sich diesen Song als Musik für den Einmarsch der Braut. Für enge Freunde habe ich den Song dann auch während ihrer Trauung mit einem Gitarristen zusammen gespielt. Auf meiner eigenen Hochzeit wurde er von einer befreundeten Band für mich und meinen Mann gespielt. Der Text passt eben perfekt zum Moment der Eheschließung, mag man doch den gemeinsamen Lebensweg gemeinsam beschreiten und gemeinsam Inne halten und auf das Leben schauen. Tatsächlich ist der Text aber nicht über ein menschliches Paar geschrieben, sondern über meinen besten Freund, Boog, den Labrador. Über denjenigen, der mit mir durch jeden Wald gelaufen, auf jeden Hügel oder kleinen Berg mit mir gestiegen ist und mit mir zusammen auf das Leben geschaut hat. Für ihn war das Leben gut, solange er nur mit mir zusammen sein konnte, für mich war es gut, wenn ich nach einem langen Tag zu ihm zurückkehren konnte und er mir freundlich wedelnd entgegen lief, um so jede Last des Tages vergessen zu machen. Diese Leichtigkeit, die diesem großen Tier inne wohnte, hat mich zu dem Text inspiriert – der Gedanke daran, dass Boog nie den Anschein machte zurückzublicken, sondern einfach in jedem neuen Tag ein neues Ziel zu finden schien. Wenn wir dann auf der Halde in Moers, ganz oben am Geleucht angekommen waren und ich auch noch daran gedacht hatte, ein Schweineohr mitzunehmen, dann war Boog-Moment perfekt, wir schauten hinunter auf die Stadt, in

200

der wir lebten und konnten den Rest der Welt mit all ihrem Lärm und Chaos einfach an uns vorbeiziehen lassen.

Bei Dir

Text: Bei Dir – 2009

Strophe:
Tausend Schritte geradeaus – kein Blick zurück.
Nur noch Augen für den Horizont –
denn irgendwo liegt dort das Glück.
Viel zu lange unterwegs, um umzukehren –
viel zu viel Gefühl, das nichts mehr zählt.

Refrain:
Deine Schritte folgen mir hinauf –
von wo aus wir die Welt sehen –
da wo wir jetzt stehen –
lass die Welt vorüber ziehen –
denn wir bleiben hier stehen –
im Jetzt und Hier stehen – bei Dir stehen.

Strophe:
Immer weiter geradeaus und kein Blick zurück.
Ich weiß, mit Dir find ich noch das Glück –
irgendwann – irgendwo–
zu lang gereist, um zu verstehen,
wo die Sonne untergeht und wir sie wieder wiedersehen.

Refrain:
Deine Schritte folgen mir hinauf –
von wo aus wir die Welt sehen –
da wo wir jetzt stehen.
Lass die Welt vorüber ziehen –
denn wir bleiben hier stehen – im Jetzt und Hier stehen –
bei Dir stehen

Strophe:
Wenn Du leidest leide ich mit dir –
deine Tränen sind auch meine –
sie fallen aufs Papier.
Und ich weiß nicht, wie weit ich gehen kann ohne Dich –
denn nur mit Dir macht das alles einen Sinn für mich.

Refrain:
Deine Schritte folgen mir hinauf –
von wo aus wir die Welt sehen –
da wo wir jetzt stehen.
Lass die Welt vorüber ziehen – denn wir bleiben hier stehen –
im Jetzt und Hier stehen – bei Dir stehen –
lass mich bei dir stehen – im Jetzt und Hier stehen–
nur mit dir gehen - im Jetzt und Hier stehen –
nur mit dir gehen - bei dir.

Vorbei – 2008

Gefühlschaos, schwitzende Hände, ein Herzschlag, der es fast vermag die Brust zu sprengen – so fühlt sie sich an, die erste Schwärmerei, die erste Liebe. Wenn diese erste Liebe zwar erwidert wird aber trotzdem verteufelt blieb, weil ein Paragraf sie damals noch unter Verbot stellte, dann ist da neben dem Herzschlag des Verliebtseins auch der Herzschlag der Angst. Zum Glück wurde der Paragraf im selben Jahr gelöscht, meine Panik als Teenager blieb noch etwas länger – da gab es noch das große Outing und auf dem »Dorf« war es nicht gerade einfach. Doch mit meiner Normalität kehrte auch Normalität in meinem Umfeld ein. Dieser Songtext führt zurück in diese Zeit – 1994/1995. Entstanden ist er viele Jahre später, rückblickend auf eine Zeit, die sich anfühlte, als wäre man auf der Flucht, vor sich, der Welt, auf der Suche nach Hoffnung – zusammen allein.

Fun–Fakt: Der Text war eigentlich ein Auftragsarbeit für »Tokio Hotel« – da sich damals ein Freund von mir mit ihnen im Studio befand und meinte, ich solle mal einen Text schreiben, der passen würde. Leider (für mich, nicht für die Jungs) sind sie dann auf Englisch ausgewichen und haben internationale Wege eingeschlagen.

Vorbei

Text: Vorbei – 2008

Strophe:
Die Welt hat sich gegen uns verschworen,
haben den Funkkontakt verloren,
doch du lächelst so,
als ob es noch ein Morgen gibt.

Keine Angst – was sollen wir schon verlieren,
lass uns noch diese Flucht probieren.
Bevor sie uns in Ketten werfen,
sollen sie selbst krepieren.

Bridge:
Nur ein Schritt zu viel kann unser Ende sein,
diesen Schritt zu viel, gehst du nicht allein.

Refrain:
Ziel auf den Horizont, lauf bis der Morgen kommt,
spring über den Abgrund – so sind wir frei – vorbei.

Strophe:
Dein Verstand hat den Sprung nicht überlebt
und als die Erde wieder bebt,
gefriert Dein Lächeln, so als ob die Nacht nun stirbt.

Bleib bei mir, lass uns zusammen gehen.
Sie sollen uns nicht weinen sehen.
Erst wenn wir fort sind,
können sie die Wahrheit stehlen.

Bridge:
Nur ein Schritt zu viel kann unser Ende sein,
diesen Schritt zu viel gehst du nicht allein.

Refrain:
Ziel auf den Horizont, lauf bis der Morgen kommt,
spring über den Abgrund – so sind wir frei – vorbei.
Ziel auf den Horizont, lauf bis der Morgen kommt,
spring über den Abgrund – so sind wir frei – vorbei.

C-Teil:
Alles aus – das Herz schlägt weiter,
alles neu – die Nacht geht vorüber.
Alles bleibt – und nichts wird sich ändern,
nichts gibt dich frei – oh vorbei – vorbei.

Refrain:
Ziel auf den Horizont, lauf bis der Morgen kommt,
spring über den Abgrund – so sind wir frei – vorbei.

Ziel auf den Horizont, lauf bis der Morgen kommt,
spring über den Abgrund – so sind wir frei – vorbei.

Freiheit der Raben

Zu diesem Song gibt es eigentlich kaum etwas zu sagen, er spricht für sich selbst. Achtung: Etwas lauter und forscher als die anderen Songs.

Text: Freiheit der Raben – 2011

Strophe:
Ich kann dich nicht sehen, kann dich nicht hören
und fühl mich frei dabei.
Ich kann dich nicht spüren, dich nicht berühren
und fühl mich frei dabei.
Ich brauch dich nicht zum Überleben,
ich brauch nichts von dir –

Ich brauch nur die Freiheit in mir.

Refrain:
Du sagst, dir geht's beschissen,
das möchte ich nicht wissen.
Ich will mein Leben leben,
ohne dich und scheiß Gewissen.

Ich will die Freiheit haben, wie all die anderen Raben,
da oben abzuheben, komm flieg aus meinem Leben.

Strophe:
Deine Lügen helfen keinem, waschen keine Unschuld rein,
und ich fühl mich hier echt geborgen in der Einsamkeit.
Ich brauch dich nicht zum Überleben,
ich brauch nichts von dir,
die Ewigkeit wird dich vergessen,
nur nicht die Freiheit in mir.

Refrain:
Du sagst, dir geht's beschissen,
das möchte ich nicht wissen.
Ich will mein Leben leben,
ohne dich und scheiß Gewissen.

Ich will die Freiheit haben, wie all die anderen Raben,
da oben abzuheben, komm flieg aus meinem Leben.

C-Teil:
Frei sein von dir, ich will frei sein von dir.
Frei sein von dir, ich muss frei sein von dir.

Ich will die Freiheit haben wie all die anderen Raben,
ich muss die Freiheit haben so wie all die anderen Raben.
Gib mich frei – Gib mich frei!
Ich will die Freiheit haben, wie all die anderen Raben,
ich muss die Freiheit haben, so wie all die anderen Raben.

Refrain:
Du sagst, dir geht's beschissen,
das möchte ich nicht wissen.
Ich will mein Leben leben,
ohne dich und scheiß Gewissen.

Ich will die Freiheit haben, wie all die anderen Raben,
da oben abzuheben, komm flieg aus meinem Leben.
Flieg kleiner Vogel - flieg.

Die letzte Note

Im Leben eines jeden Künstlers kommt mindestens ein bis
fünfzehn mal der Moment, in dem er ans Aufhören denkt. Ein
Gefühl, sich selbst oder seine Kunst verraten oder verkauft zu
haben. Mir ging es so, als ich zum Überleben Songtexte für
Schlagermusik schrieb. Herz, Schmerz, Liebe, Larifari-Sing-
sang der einfachsten Promillesorte. Es gab aber auch da Texte,
in die ich wirklich mein Herzblut gesteckt hatte. Mit jedem
Text, den ich schrieb, gab ich ein Stück von mir selbst ab, einen
Teil meiner Geschichte, Erlebtes, Erdachtes, Erträumtes – das
nun aufgenommen und gesungen wurde von Menschen, die

eben diese Geschichten nicht erlebt hatten und diese als ihre eigene verkauften. Ich selbst war meilenweit von einer eigenen CD–Veröffentlichung entfernt und entfernte mich auch immer mehr von dem Gefühl der Bühne. So muss es sich also anfühlen, wenn die letzte Note für einen erklingt:

Die letzte Note

Text: Die letzte Note – 2009

Strophe:
Ich hab mich vertan, bin falsch abgebogen,
meine Träume gelebt, den Tag mit Nächten betrogen.
Ich hab dich verraten, verraten für mich,
ich wollte nicht lügen, doch die Lüge bin ich.

Jede Maske kriegt Brüche unter Scheinwerferlicht,
doch ich, ich muss lächeln, alles andere zählt nicht.

Nur einmal noch tanzen bevor der Morgen anbricht,
zeigst Du mir die Sonne – glaub ich nicht ans Licht.

Refrain:
Und du singst mein Lied, als wären es deine Noten.
Du singst mein Lied, als wäre es Wahrheit für dich.
Ich will nie wieder singen, bin auf ewig verloren,
spiel noch einmal das Leben, die letzte Note für mich.

Strophe:
Ich bleib einfach liegen, zähl den Dreck und die Fliegen.
Lieber langsam vergehen als noch mal falsch abbiegen.
Diese Liebe schafft Leiden, Leidenschaft, die erwacht,
belüge nun mich, nicht mehr Tag oder Nacht.

Jede Maske kriegt Brüche unter Scheinwerferlicht,
doch ich, ich muss lächeln, alles andere zählt nicht.

Nur einmal noch tanzen, bevor der Morgen anbricht,
zeigst du mir das Ende – glaub ich noch ans Licht.

Refrain:
Und du singst mein Lied, als wären es deine Noten.
Du singst mein Lied, als wäre es Wahrheit für dich.
Ich will nie wieder singen bin auf ewig verloren,
spiel noch einmal das Leben, die letzte Note für mich.

Break:
Die letzte Note nur für mich – die letzte Note nur für mich.

Refrain:
Und du singst mein Lied, als wären es deine Noten.
Du singst mein Lied, als wäre es Wahrheit für dich.
Ich will nie wieder singen, bin auf ewig verloren,

spiel noch einmal das Leben, die letzte Note für mich.

Bei Dir – Piano Version

Als letzten Song auf der CD gibt es eine Neufassung des Songs
»Bei Dir«. Er ist der Beleg dafür, dass alles zwei Seiten hat.
Der Song entstand ursprünglich kurz nachdem mein bester
Freund und Labrador »Boog« bei uns eingezogen ist, sozusagen als Reisebericht. Die neue Pianoversion ist ein Dank für 8,5
gemeinsame Jahre und entstand, als er uns durch seine Krebs-
erkrankung viel zu früh verlassen musste.

Songtext: Bei Dir – Piano Version – 2018
Siehe Track 12

Kapitel 16

Liedblätter

Alle, die gerne mal die Songs von Felix und mir nachspielen wollen, finden hier zum Abschluss des Buches die Liedblätter dazu.

Der Schatten des dicken Jungen aus den 90ern

Intro: **C#   H   C#   H**

      C#
Mit dem Skateboard zum Schule – Barfuß wieder zurück –
      H
das war der Preis den man zahlte, hatten andere Glück.
   C#
Wir aßen Matschbrötchen – politisch korrekt,
     H
die verbotenen Hefte war'n im Baumhaus versteckt.
C#   **H**

Was ist davon noch übrig – was ist geblieben?
          F#   **F**
– ham wir die Geister besiegt – sie auf ewig vertrieben ...

Chorus:
        D#
Wenn die Sonne mich anlacht, ist er immer noch da –
    F#
der Schatten des dicken Jungen aus den 90ern –
      C#
mit seiner Spange im Mund, dem Popel in seiner Nase,
      H
mit dem Pickelgesicht, der Ministrantenblase.
      D#
wenn ich hinter mich blicke, ist er immer noch da –
    F#
der Schatten des dicken Jungen aus den 90ern –
      C#
mit seinen fettigen Haaren, Cordhose voll Sand,
      H
kein' Pfennig in der Tasche, immer völlig abgebrannt.

Break: **D#** **F#** **F** **H**

      C#
Wir waren Agenten in geheimer Mission –
    H
bei Vater, Mutter, Kind – war keiner gerne der Sohn –
      C#
wir hatten so genug Regeln, die galt es zu halte
    H
und Sonntags in der Kirche brav die Hände zu falten.

C#   **H**

Was ist davon noch übrig – was ist geblieben?

                     F#   **F**

– ham wir die Geister besiegt – sie auf ewig vertrieben …

Chorus:

        D#

Wenn die Sonne mich anlacht, ist er immer noch da –

      F#

der Schatten des dicken Jungen aus den 90ern –

           C#

mit seiner Spange im Mund, dem Popel in seiner Nase,

        H

mit dem Pickelgesicht, der Ministrantenblase.

         D

Wenn ich hinter mich blicke, ist er immer noch da –

      F#

der Schatten des dicken Jungen aus den 90ern –

           C#

mit seinen fettigen Haaren, Cordhose voller Sand,

        H

kein' Pfennig in der Tasche, immer völlig abgebrannt.

Break: **D# F# F H**

Bridge:

      D#   **F#**

Und wenn ich mich genau erinner, so ist es gar nicht schlimm,

C#   **H**

  dass ich dieser Junge aus den 90ern bin.

        D#

Denn wir hatten noch Helden, trotzten jeder Gefahr –

<pre>
   F#   H
ich wünschte dieser Mut wäre heute noch da.

             D#
Denn wenn die Sonne mich anlacht,
             F#
dann wird mir klahaar –
          C#
ich bin der Schatten des dicken Jungen
        H   H
aus den 90aahaarn
</pre>

Chorus:
<pre>
           D#
Wenn die Sonne mich anlacht, ist er immer noch da –
      F#
der Schatten des dicken Jungen aus den 90ern –
          C#
mit seiner Spange im Mund, dem Popel in seiner Nase,
          H
mit dem Pickelgesicht, der Ministrantenblase.
          D#
Wenn ich hinter mich blicke, ist er immer noch da –
      F#
der Schatten des dicken Jungen aus den 90ern –
          C#
mit seinen fettigen Haaren, Cordhose voller Sand,
              H
kein' Pfennig in der Tasche, immer völlig abgebrannt.
</pre>

Text: Markus Grimm/Musik: Felix Beißert (2017)

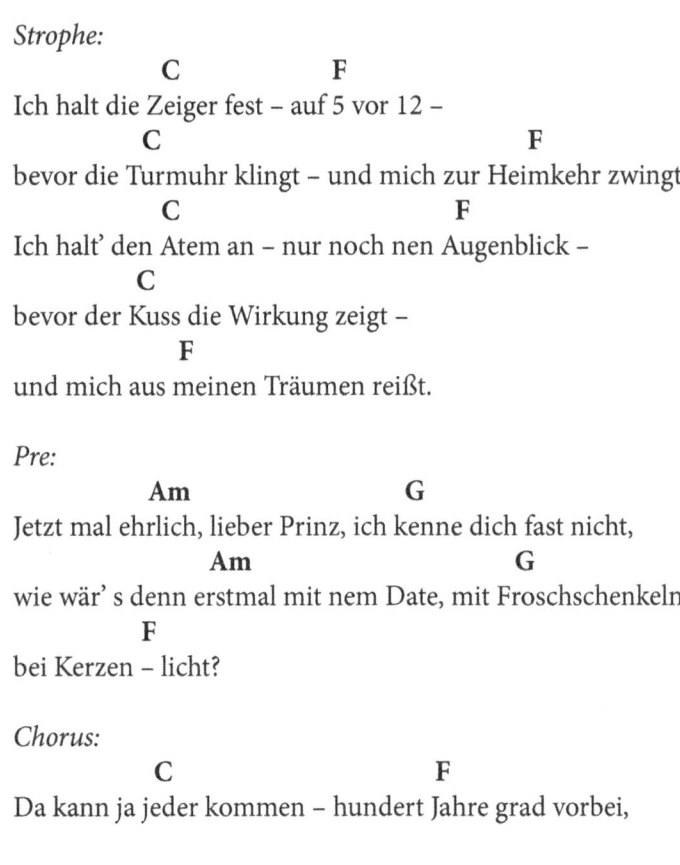

Jetzt mal ehrlich ... (Prinzessin Widerwillen)

Strophe:

            C   F
Ich halt die Zeiger fest – auf 5 vor 12 –
            C   F
bevor die Turmuhr klingt – und mich zur Heimkehr zwingt.
            C   F
Ich halt' den Atem an – nur noch nen Augenblick –
            C
bevor der Kuss die Wirkung zeigt –
            F
und mich aus meinen Träumen reißt.

Pre:

            Am   G
Jetzt mal ehrlich, lieber Prinz, ich kenne dich fast nicht,
               Am   G
wie wär' s denn erstmal mit nem Date, mit Froschschenkeln
            F
bei Kerzen – licht?

Chorus:

            C   F
Da kann ja jeder kommen – hundert Jahre grad vorbei,

<pre>   Am   G</pre>
ein schneller Kuss auf kalte Lippen wie praktisch –

der Weg war frei,
<pre>   C   F</pre>
lass mich wenigstens kurz blinzeln, bevor ich mich erschreck,
<pre>   Am   G</pre>
weil da unter deiner Krone, eine –
<pre>   C   C</pre>
Dauerwelle steckt ...

<pre>   C   F</pre>
Ich sag, er passt mir nicht – dieser blöde Schuh,
<pre>   C   F</pre>
ich bleib den Linsen treu, hab dann noch was meine Ruh.
<pre>   C   F</pre>
Ich schneid die Haare ab – und schenk sie Dir,
<pre>   C</pre>
komm bloß nicht rauf zu mir –
<pre>   F</pre>
die Aussicht reicht von hier.

Pre:
<pre>   Am   G</pre>
Jetzt mal ehrlich, lieber Prinz, ich kenne dich fast nicht,
<pre>   Am   G</pre>
wie wär' s denn erstmal mit nem Date, mit Froschschenkeln
<pre>   F</pre>
bei Kerzen – licht?

Chorus:
    C   F
Da kann ja jeder kommen, an den Haar'n herbeigezogen,
    Am   **G**
ein schneller Kuss auf schmale Lippen – mein Herz

einfach betrogen,
    C   F
lass mich wenigstens kurz blinzeln, bevor ich mich erschreck,
   Am   **G**
weil da unter deiner Krone, eine –
        C C
Dauerwelle steckt …

C-Teil:
   Am
Und wenn ich mal nen Kerl will,
   G
dann meld ich mich nochmal,
   Am   **G**
bis da ist alles töffte – die Hexe kocht
        F   F
und mir ist warm ...

Chorus:
    C   F
Da kann ja jeder kommen, an den Haar'n herbeigezogen,
    Am   **G**
ein schneller Kuss auf schmale Lippen – mein Herz

einfach betrogen,

            C   F
lass mich wenigstens kurz blinzeln, bevor ich mich erschreck,
      Am   **G**
weil da unter deiner Krone, eine –
                    C
Dauerwelle steckt …

Text: Markus Grimm/Musik: Felix Beißert (2017)

Das Wort zur Melodie

Intro: **D Am D Am Am**

          Em   **C**
Wir haben alles versucht, um uns selbst zu vergessen.
     Em   **C**
Haben Häuser gebaut und davon keinen Stein besessen.
        Em
Haben geschwor'n wir selbst zu sein,
               C
in all den fremden Kleidern.
       Em
Falsche Schwüre ohne Sehnsucht,
            C
brannten Narben auf die Leiber.

Bridge:

     D
Doch wir rudern nicht zurück,
        Am
wir kämpfen noch gegen den Strom,
     D
suchen nur nach seichtem Wasser,
     Am   **Am**
um uns kurz mal auszuruhen.

Refrain:

       C#m   **E**
Wir sind das Lied, – das nie verklingt,
     A
das immer wieder jemand singt,
    F#m
wenn Zärtlichkeit die Welt berührt,
     A   **E**
mit sanftem Takt zum Tanz verführt.
      C#m   **E**
Wir sind der Ton, – der manchmal schief,
     A
Die Symphonie, die in uns schlief.
   F#m
Wir sind das Wort zur Melodie,
    A   **E (E7) E**
das leise sagt – vergiss mich nie.

       Em
Wir haben die Suche aufgegeben,
         C
fanden uns in alten Tagen,

<pre>
           Em
die wir beinahe vergaßen
                                       C
und die doch unsere Spuren tragen.
               Em
Haben geschworen uns nie zu täusch'n –
                   C
uns vor der Welt verbogen.
     Em   C
Zufriedenheit im Standard – wahrlich – wir haben gelogen.
</pre>

Bridge:
<pre>
        D   Am
Dieses Leben voller Zweifel, es war doch niemals unser Ziel,
           D
es geht um alles was bestehen bleibt,
          Am   Am
wenn der letzte Vorhang fiel.
</pre>

Refrain:
<pre>
           C#m   E
Wir sind das Lied, – das nie verklingt,
       A
das immer wieder jemand singt,
       F#m
wenn Zärtlichkeit die Welt berührt,
     A   E
mit sanftem Takt zum Tanz verführt.
          C#m   E
Wir sind der Ton, – der manchmal schief,
       A
Die Symphonie, die in uns schlief.
</pre>

F#m
Wir sind das Wort zur Melodie,
   A
das leise sagt –
      E E7 E
vergiss mich nie.

Text: Markus Grimm/Musik: Felix Beißert (2017)

Das Ende vom Lied

Intro: **D# F F# H G# F F# H**

Verse 1:
   D#   **C#**
Das Ende vom Lied ist sehr bald schon erreicht,
       H
dabei brauch ich noch Töne um zu klär'n,
     F#
was mit Worten fällt nicht leicht.
       D#   **C#**
Wie viele Worte passen in eine Melodie?
         H
Um zu sagen, was ich im Herzen trage,
      C#
braucht's eine ganze Symphonie.

Chorus:

         D#   **F**
Doch das Ende vom Lied ist sehr bald schon erreicht,
               F#   **H**
nur noch Sekunden, bis uns die Stille ergreift.

Break: **D# F F# H**

C–Teil:

      D#   **C#**
So sag ich es leise und singe es laut,
     H   **F#**
du nimmst mich gefangen – fährst mir unter die Haut,
         D#   **C#**
bist der Grund für alle Noten, mit dem ich meine Stimme heb,
           H   **C#**
bist der Grund, warum ich atme, bist der Grund, warum ich
leb.

Chorus:

         D#   **F**
Doch das Ende vom Lied ist sehr bald schon erreicht,
               F#   **H**
nur noch Sekunden, bis uns die Stille ergreift.

Break: **D# F F# H**

Verse 2:

      D   **C#**
Das Ende vom Lied ist in – Sekunden erreicht,
                H
dabei brauch ich noch Stunden um zu sag'n,

F#
welcher Schönheit du gleichst.
    D#   C#
Wie viele Strophen sind – reine Fantasie?
       H
Um wahr zu sein, wenn du erwachst,
         C#
brauche es Schultern, stark wie nie.

Chorus:
    D#   F
Doch das Ende vom Lied ist sehr bald schon erreicht,
     F#   H
nur noch Sekunden, bis uns die Stille ergreift.

Break: **D# F F# H**

C–Teil:
   D#   C#
So sag ich es leise und singe es laut,
   H   F#
du nimmst mich gefangen – fährst mir unter die Haut,
    D#   C#
bist der Grund für alle Noten, mit dem ich meine Stimme heb,
    H   C#
bist der Grund, warum ich atme, bist der Grund, warum ich
leb.

Chorus:
    D#   F
Doch das Ende vom Lied ist sehr – bald schon erreicht,

<pre>
         F#   H   H
</pre>
nur noch Sekunden, bis uns die Stille ergreift.

Break: **D# F. F# H**

Bridge:
<pre>
     C#
</pre>
Ich hoffe du bleibst mir,
<pre>
             F#
</pre>
auch nach dem Ende – vom Lied.

Chorus:
<pre>
         D#   F
</pre>
Doch das Ende vom Lied ist sehr – bald schon erreicht,
<pre>
         F#   H   H
</pre>
nur noch Sekunden, bis uns die Stille ergreift.
<pre>
     D#   F
</pre>
Das Ende vom Lied ist nun letztendlich erreicht,
<pre>
         F#   H   H
</pre>
die Noten sind ewig, die Liebe vielleicht?

Outro: **D# F F# H D# F F# H**

Text: Markus Grimm/Musik: Felix Beißert (2017)

Mädchen im Mond

Kapodaster: 2. Griffleiste
Intro: **Em G D Am Am**

   Em   **G**
Sie hat gedacht, es würde gehen, ist die Weile noch geblieben,
   D   **Am**
hat die Scherben übersehen, mit jeder Träne übertrieben.
   Em   **G**
Sie hat daran geglaubt – dass Sterne – ewig scheinen.
   D   **Am**
Sie stieg hinauf aufs Dach – um mit dem Mond zu weinen.

Bridge:
           Em   **G**
Und sie fliegt hoch – hoch zu den Sternen,
               D   **C** **C**
– hinauf ins große Glück, weg von all den Tränen.

Chorus:
           G   **D**
Mädchen im Mond – bewache ihre Reise.
           G   **D**
Mädchen im Mond – silbern und leise.
           C   **Am**
Lass an dein Licht – noch diese Nacht,
           Em   **G**
bis dass der Morgen kommt – sie aus dem Traum erwacht.

   Em
Er hat gedacht, die Zeit bleibt stehen –

      G
hat vom Leben viel erwartet,
     D   **Am**
seinen Augenblick verpasst, den Versuch zu spät gestartet.
   Em   **G**
Er hat daran geglaubt – dass Worte – ewig bleiben.
     D   **Am**
Er stieg hinauf aufs Dach – um mit dem Wind zu treiben.

Bridge:
              Em   **G**
Und er fliegt hoch – hoch zu den Sternen,
                      D   **C** **C**
– hinauf ins große Glück, weg von all den Tränen.

Chorus:
           G   **D**
Mädchen im Mond – bewache seine Reise.
           G   **D**
Mädchen im Mond – silbern und leise.
         C   **Am**
Lass an dein Licht – noch diese Nacht,
                   Em   **G**
bis dass der Morgen kommt – er aus dem Traum erwacht.

C-Teil:
   D
Zuviel Gefühl für diese Welt,
  C
zuwenig Mut um zu bestehen,
  D
zu oft am eignen Herz erstickt,

<pre>
    C   C
um den Weg noch mal zu gehen...
</pre>

<pre>
            Em   G
Mädchen im Mond – bewache ihre Reise.
            Em   G
Mädchen im Mond – silbern und leise.
            D   Am
Lass an dein Licht – noch diese Nacht,
                   C   G
bis dass der Morgen kommt – sie aus dem Traum erwacht.
   Em   G
Mädchen im Mond – bewache ihre Reise.
            Em   G
Mädchen im Mond – silbern und leise.
            D   Am
Lass an dein Licht – noch diese Nacht,
                   C   G
bis dass der Morgen kommt – sie aus dem Traum erwacht.
</pre>

Outro:

<pre>
            Em   G
Mädchen im Mooooooond
            Em   G
Mädchen im Mooooooond
            Em   G
Mädchen im Mooooooond
</pre>

Text: Markus Grimm/Musik: Felix Beißert (2017)

Hier ist jetzt!

Intro: **Em C G F# e C G F#**

Em   **C**
Langer Atem – still geblieben,
G
Weite Wege – fest das Ziel.
Em   **C**
Aufgestanden, um zu bleiben,
G
auch, wenn einer von uns fiel.

Em   **C**
Und ich drifte durch die Nächte,
G
werde dich bald wiederseh'n,
Em   **C**
seh dich jetzt schon in den Lichtern,
G
seh dich Glitzern, bleib still steh'n.

Bridge:
        C
Lass uns träumen – so wie früher,

      D
lass uns jeden Tag bestehen.
      C
spar die Worte – zeig's mit Herzen,
       D
lass mich niemals wieder geh'n.

Chorus:
      Em   **C**
Denn Hier ist Jetzt – Hier ist richtig.
     G   **F#**
Glaube mir – ich sterb für dich.
      Em   **C**
Nur ein bisschen – bis zu lächelst,
     G   **F#**
breit und ehrlich – dein Gesicht.
      Em   **C**
Es sind Worte – viele kleine.
     G   **F#**
Doch es müssten große sein –
      Em   **C**
dir zu sagen, was ich fühle,
     G   **F#**
bette ich in Lieder ein.

Break: **Em C G F#**

Em   **C**
Kurze Weile – laut erklungen,
G   **F#**
knappe Stunden – wertvoll schwer,

Em   C
hab gelebt um dich zu finden,
G   F#
mit dir bin ich endlich wer.

Em   C
Und ich drifte durch die Nächte,
G   F#
werde dich bald wiedersehen,
Em   C
seh dich jetzt schon in den Lichtern,
G   F#
seh dich Glitzern, bleib still stehen.

Bridge:
     C
Lass und träumen – so wie früher,
   D
lass uns jeden Tag bestehen.
    C
spar die Worte – zeig's mit Herzen,
     D   D
lass mich niemals wieder geh'n.

Chorus:
     Em   C
Denn Hier ist Jetzt – Hier ist richtig.
    G   F#
Glaube mir – ich sterb für dich.
     Em   C
Nur ein bisschen – bis du lächelst,

```
      G                    F#
breit und ehrlich – dein Gesicht.
      Em              C
Es sind Worte – viele kleine.
      G                    F#
Doch es müssten große sein –
      Em              C
dir zu sagen, was ich fühle,
   G              F#
bette ich in Lieder ein.
         Em  C  G  F#
– in Lieder ein.
         Em  C  G  F#
– in Lieder ein.
```

Text: Markus Grimm/Musik: Felix Beißert (2017)

Song-Credits

Die Songs auf dem beiliegenden Album sind das Ergebnis einer Reise und vieler Begegnungen der letzten 12 Jahre. Jedes Lied ist zu seiner jeweiligen Zeit mit den jeweiligen Möglichkeiten dieser Zeit entstanden, mit tollen Musikern und Freunden, quer durchs Land. Angefangen im Jahre 2006 mit »Ich dich auch« bis hin zu »Hier ist Jetzt« Anfang 2018. Stefan Breuer hat sich allen Songs angenommen, den neuen Liedern weitere Instrumente geschenkt, die alten Demos und Songs remastert, um so ein einheitliches Bild dieser musikalischen Reise auf dem Silberling zu ermöglichen. Vielen Dank dafür. Jan Lammert hat mit seinem Piano den Texten eine neue Tiefe gegeben und die Arbeit von Felix und mir perfekt ergänzt. Ich hoffe ihr könnt diese Zeitreise genießen.

Track 1: Bretter (2017)
Musik: Frank Schultz – Text: Markus Grimm

Track 2: Verwehen – Neuaufnahme (2018)
Musik: Patrick Zielonka – Text: Markus Grimm

Track 3: Leinen los – original Version (2014)
Musik: Benedikt Grimm / Patrick Zielonka
Text: Markus Grimm

Track 4:
Der Schatten des dicken Jungen aus den 90ern (2017)
Musik: Felix Beißert – Text: Markus Grimm

Track 5: Übers Meer – original Version/Demo (2010)
Musik: Sebastian Pagel – Text: Markus Grimm

Track 6: Ich dich auch – original Version (2006)
Musik: Richard Geppert – Text: Markus Grimm

Track 7: Das Wort zur Melodie (2017)
Musik: Felix Beißert – Text: Markus Grimm

Track 8: Jetzt mal ehrlich (2017)
Musik: Felix Beißert – Text: Markus Grimm

Track 9: Mädchen im Mond (2017)
Musik: Felix Beißert – Text: Markus Grimm

Track 10 – Das Ende vom Lied (2017)
Musik: Felix Beißert – Text: Markus Grimm

Track 11 – Hier ist Jetzt (2017)
Musik: Felix Beißert – Text: Markus Grimm

Bonustracks / Demos:

Track 12: Bei dir (2009)
Musik: Thorsten Schwesinger – Text: Markus Grimm

Track 13: vorbei (2008)
Musik: Sebastian Pagel – Text: Markus Grimm

Track 14: Freiheit der Raben (2011)
Musik: Patrick Zielonka – Text: Markus Grimm

Track 15: Die letzte Note (2009)
Musik: Sebastian Pagel – Text: Markus Grimm

Track 16 Bei dir – Piano Version 2018
Musik: Thorsten Schwesinger – Text: Markus Grimm
Piano-Variation: Jan Lammert - 2018

Song 5, 12, 13, 14, original Versionen / Demos aufgenommen
in den LeFink Studios / Beray Habip

Song 3 und 15 original Version / Demos aufgenommen in den
LiFink Studios / Produktion: Patrick Zielonka

Song 6 aufgenommen bei pro ton music in Neuenburg am
Rhein / Frank Schultz / Richard Geppert - Chöre »Voicelab«

Song 1, 2, 4, 7, 8, 9, 10, 11, 16 - Gesang von Ben Grimm
aufgenommen.

Produktion bei Stefan Breuer / KiCo / Schwerte

Gitarren: Felix Beißert
Klavier: Jan Lammert

Alle weiteren Instrumente, Percussion, Bass, Chöre und
unglaubliche Geduld durch Stefan Breuer.

Streicher für Song 16 / Bei Dir 2018: Ralf »Kappi« Kappmeier

Special Guests: Schlagzeug und Chöre für »Leinen los« Kiki
Schülling – Bass: Bobo Schülling

Unterstützung, Drums und Saiten auf den Demos:
Beray Habip, Patrick Huven und Andreas Klees

Alle Songtexte von Markus Grimm und die mit Felix
Beißert komponierten Musiken sind in der Verlagsedition
»Viva la Lebkuchenhaus« verlegt.

Danke

Ich möchte mich bei allen bedanken die mich auf meinem Weg als Künstler begleiten. Viele gehen diesen Weg schon viele, viele Kilometer mit, andere sind auf dem Weg neu dazugekommen – jeder der ein Stück dabei ist, macht diesen Weg wertvoller und fügt ihm schöne Aussichtspunkte hinzu. Danke an Smart & Nett für das Wagnis Buch und CD. Danke an meinen Mann, der all meine kreativen und unkreativen Launen erträgt und sich selbst und mich zum Ausgleich mit neuen Fellkindern bereichert, die unseren Weg noch schöner machen. An meine Familie und meine grandiosen Schwiegereltern, die immer und überall mit Rat und Tat zur Stelle sind – ich habe euch sehr gerne mitgeheiratet. Danke an alle, die meinen Worten ihre Musik geschenkt haben – Richard, Frank, Felix, Michael, Stefan, Sebastian, Beray, Ben, Patrick Z., Patrick H., Kiki, Schwesi, Andreas, Sven, Jan, Kappi. Danke an alle, die mich immer wieder für ihre Projekte als Songtexter an die Tastatur lassen. Danke an Universal Music für die Druckfreigabe meiner Texte für Grimm trifft Grimm. Danke an meine Freunde und an meine kreative Familie - für ihren Glauben an meine Kunst und fürs immer eine offene Türe und zwei offene Ohren zu haben.

Es war nochmal …

Ich hoffe darauf noch viele »Märchen, die das Leben schrieb« erleben zu dürfen und noch die ein oder andere Fußnote ins großen Buch der Musik setzen zu dürfen. Vielen Dank, dass Du Dir dieses Buch und die CD besorgt hast. Ich hoffe Du hattest ab und an ein Lachen auf den Lippen und konntest ein Stück Deiner eigenen Geschichte wiedererkennen. So verschieden wir alle doch sind, so oft kreuzen sich Wege, Erinnerungen oder Momente. Jeder von uns hat diesen einen Geruch, der, wenn er Dir in die Nase gestiegen ist, Dich wieder an einen bestimmten Ort Deines Lebens führt und Dir unvergessliche Bilder zeigt. Für mich ist es der Geruch eines Buches. Wenn ich mit der Nase zwischen die Seiten gehe, dann kann ich Geschichten und Abenteuer erneut bildhaft erträumen. Diese Magie haben Bücher auf mich oder es ist einfach der Leim, der wie ein kleiner Drogentrip wirkt. Ich denke die Wirkung dürfte sich ähnlich wie die des Weihrauches verhalten. Dir lieber Leser und Hörer, wünsche ich noch eine schöne Zeit mit den Liedern. Nimm die CD doch mit ins Auto und lass sie als Soundtrack Deine eigenen Abenteuer und Märchen untermalen. Und wenn Du etwas Tolles erlebt hast, dann lass uns drüber reden. Schick Dein Märchen an meinmaerchen@markusgrimm.com und vielleicht machen wir ein gemeinsames Abenteuer draus.

Bis dahin, gehabt euch wohl.

Euer Markus

Smart & Nett – mehr als ein Verlag

... unsere Neuerscheinungen und weitere Infos finden Sie unter www.smart-und-nett-verlag.de

SMART & NETT ENTERTAINMENT
www.smart-und-nett-entertainment.de

Musik- und Hörbuchproduktion
Musikverlag
Label

SMART & NETT AGENTUR
www.smart-und-nett.de

Künstleragentur und Künstlermanagement
Werbeagentur
Webdesign und Suchmaschinenoptimierung
Social Media Marketing
Fotografie und Bildbearbeitung
Cover
Image-Videos
Texterstellung und Buchsatz
Workshops
Projekt- und Veranstaltungsmanagement Coaching
uvm.

Besuchen Sie uns auf Facebook, Instagram, Twitter und
YouTube. Wir würden uns sehr freuen.